SWU-700-016

LA GUERRA DI SARDEGNA E DI SICILIA 1717-1720 GLI ESERCITI CONTRAPPOSTI: SAVOIA, SPAGNA, AUSTRIA

PARTE 3
L'ESERCITO AUSTRIACO NEL 1717-1720 E
LA GUERRA PER LA DIFESA DELLA SARDEGNA
E LA CONQUISTA DELLA SICILIA

TOMO 2

SOLDIERSHOP

AUTORI

Giancarlo Boeri (Sanremo 1944), Laurea in Fisica, fin dall'infanzia si è dedicato allo studio della storia e dell'iconografia militare dei secoli XVII e XVIII. Nel tempo ha approfondito tutti gli aspetti sugli eserciti degli Stati preunitari italiani, dell'esercito spagnolo, francese e degli Stati dell'Europa occidentale del XVII e XVII secolo, tanto da divenire un punto di riferimento per gli studiosi del campo. Ha scritto numerosi articoli e libri, da solo e con altri autori in Italia e all'estero, tra cui una serie di volumi sull'esercito borbonico dalla Rivoluzione francese alla fine del Regno di Napoli (1789-1861), pubblicata dall'Ufficio Storico dello Stato Maggiore dell'Esercito. Ha pubblicato, inoltre, diverse opere sulle uniformi delle Marine degli Stati italiani preunitari ed una serie di monografie, in italiano ed inglese, sugli eserciti sabaudo, spagnolo, francese, imperiale austriaco, operanti tra Seicento e Settecento.

Paolo Giacomone Piana (Genova 1959) Studioso di storia militare, in particolare dell'esercito e della marina della repubblica di Genova, ha pubblicato numerosi saggi ed articoli, molti in collaborazione con il compianto Riccardo Dellepiane, tra cui il libro *Militarium*.

Guglielmo Aimaretti, Nato a Villafranca Piemonte nel 1944, in provincia di Torino, vissuto a Torino fino al 1971 è stato docente di Discipline Artistiche ad Alba. Fin dalla giovinezza collezionista e cultore di documentazione storico-militare ha affiancato all'attività docente quella di illustratore nell'ambito uniformologico collaborando con l'editoria specializzata. Molti suoi lavori sono in collezioni private in Italia e all'estero .

Roberto Vela, (Acqui Terme 1952). Appassionato di storia militare, cultore di storia locale e di araldica, uniformi ed armi dei secoli XVII-XVIII, si è dedicato alla ricerca iconografica e alla produzione di disegni ed illustrazioni per numerose pubblicazioni, apparse, tra l'altro, sul Bollettino dell'Accademia di San Marciano. Collabora da alcuni decenni con Giancarlo Boeri per le pubblicazioni partecipando alle ricerche storiche relative.

PUBLISHING'S NOTE

RINGRAZIAMENTI

Gli autori desiderano ringraziare Aldo Antonicelli, Emiliano Beri, René Chartrand, Luca Pistone e Gianni Ridella per la collaborazione ricevuta. Un particolare ringraziamento a Robert Hall, inseparabile compagno di ricerche, che ha generosamente messo a disposizione i suoi appunti, foto e note sull'esercito austriaco. Va infine ricordato il contributo fornito da Francesc Riart Jou allo studio dell'esercito di Carlo VI in Catalogna per una pubblicazione in corso di realizzazione.

Title: **LA GUERRA DI SARDEGNA E DI SICILIA 1717-1720. GLI ESERCITI CONTRAPPOSTI: SAVOIA, SPAGNA, AUSTRIA - Parte 3 L'Esercito Austriaco nel 1717-1720 e la Guerra per la difesa della Sardegna e la conquista della Sicilia - Tomo 2.** di GianCarlo Boeri e Paolo Giacomone Piana. Tavole di Guglielmo Aimaretti e Roberto Vela. Prima edizione Luca Cristini Editore per i tipi di Soldiershop. Settembre 2019 Copertina e DP a cura di L.S. Cristini.

ISBN code: 978-88-93274890

LA GUERRA DI SARDEGNA E DI SICILIA 1717-1720. GLI ESERCITI CONTRAPPOSTI: SAVOIA, SPAGNA, AUSTRIA

PARTE 3
L'ESERCITO AUSTRIACO NEL 1717-1720 E LA GUERRA PER LA DIFESA DELLA SARDEGNA E LA CONQUISTA DELLA SICILIA
TOMO 2

INTRODUZIONE

Questo terzo volume della Guerra di Sardegna e di Sicilia (1717-1720) si incentra sulla partecipazione al conflitto dell'esercito austriaco-imperiale al tempo di Carlo VI. Nel 1° tomo è stato esaminato l'apparato militare asburgico e le vicende legate allo solgersi delle operazioni militari.

Fonti d'archivio e periodici contemporanei

I riferimenti archivistici riguardano quasi tutti gli eserciti "reali", i reggimenti provenienti dalla penisola iberica e la marina napoletana; su altri aspetti dell'esercito austriaco dell'epoca, in particolare riguardo la storia dei suoi reggimenti, le uniformi e le bandiere, è stato pubblicato parecchio, permettendo di prescindere, almeno in questa sede, dall'uso di materiale d'archivio. Sono state largamente utilizzate le «Gazzette» del tempo (in primis gli *Avvisi Italiani* di Vienna e la *Gaceta de Madrid*), solitamente trascurate dagli storici (che potrebbero servirsene per avere un'idea di come era visto un avvenimento nel momento in cui accadeva), ma di capitale importanza per gli eruditi, che vi trovano nomine e promozioni, arrivi e partenze di persone, navi e reggimenti, nonché una marea di minuti fatti di cronaca (raramente le notizie di questo tipo non sono vere, anche se talvolta sono riportate inesattamente).

Occorre sempre ricordare che le «Gazzette», come tutti i giornali, usano parole e frasi nel significato allora corrente: per esempio «preparare le tappe» vuol dire predisporre le razioni di viveri e foraggio per le truppe in marcia. Espressioni come «viaggiare sulle poste» o «prendere la diligenza delle poste» erano sinonimo di «viaggiare alla massima velocità» (con riferimento al cambio dei cavalli nelle stazioni di posta oppure all'aver lasciato la propria carrozza per noleggiare una leggera e veloce diligenza postale).

Spesso nei testi del tempo l'indicazione "Genova" o "Napoli" non si riferisce alle città, ma alla Repubblica di Genova o al Regno di Napoli. Quando poi si legge di truppe sbarcate a Genova, vuol dire sbarcate al "Passo della Lanterna" (oggi scomparso) fuori dalle mura cittadine, poiché nessun reparto straniero poteva mettere piede in città. I convogli diretti in Sicilia partivano da San Pier d'Arena (che oggi fa parte di Genova, ma allora ne era separata dal contrafforte montuoso di San Benigno, demolito negli anni '20 del XX secolo) oppure da Vado (Ligure).

Bibliografia

Oggi molto materiale è disponibile in rete grazie al contributo di molte biblioteche pubbliche (essenzialmente straniere), ma fino a poco tempo fa lo studioso italiano poteva far ricorso solo ai volumi della serie *Campagne del Principe Eugenio di Savoia*. Pubblicate in edizione originale (*Feldzüge des Prinzen Eugen von Savoyen*) dal 1876 al 1891 e tradotte in italiano per volontà del re Umberto I, le *Campagne* sono un'opera monumentale, basata su un'accurata ricerca archivistica; tuttavia il loro carattere ufficiale fa sì che molti aspetti "imbarazzanti" siano messi in sordina o non citati del tutto. La traduzione italiana è frettolosa, letterale e abbonda di termini inusuali (per esempio "tragittare" nel senso di "trasportare") che rendono il testo a volte incomprensibile. Questi

◄ *Ritratto dell'imperatore Carlo VI* dipinto di Johann Gottfried Auerbach, Hofburg Vienna.

difetti sono accentuati nel «Supplemento» che riporta la corrispondenza del principe Eugenio, dove tutti i termini che si discostano dal tedesco moderno non sono tradotti. Inoltre l'edizione italiana condensa in poche righe molte pagine del testo originale, omette diversi passi (persino delle lettere del principe Eugenio) e modifica certe parole per conformarsi ai pregiudizi nazionalistici dell'epoca (per esempio scrivendo "italiani" invece di "lombardi" o "napoletani"). Le *Campagne* restano nondimeno una fonte imprescindibile per chiunque voglia occuparsi delle guerre del tempo e non si può studiare quella del 1717-1720 trascurando il volume XVII della serie, scritto da Raimund Gerba e intitolato *Guerre in Sicilia e in Corsica negli anni 1717-1720 e 1730-1732*.

Per lo studio delle campagne in Sicilia è importante anche il *Diario delle Armi Cesaree in Sicilia* pubblicato in versione italiana dalla «Gazzetta» *Avvisi Italiani* di Vienna e riprodotto nel *Diario di tutto quello successe nell'ultima guerra di Sicilia fra le due Armate Alemana* [sic] *e Spagnola*. attribuito a Benedetto De Colpi. Il libro di Thomas Corbett *An account of the expedition of the British Fleet to Sicily, in the years 1718, 1719, and 1720*, considerato in passato una relazione affidabile dell'operato dell'ammiraglio Byng, a una lettura accurata appare invece essere un'opera di mera propaganda, che mostra Byng come il *deus ex machina* di ogni situazione (si sostiene per esempio che i rinforzi provenienti da Fiume avrebbero fatto il periplo della penisola per arrivare a Napoli, se Byng non avesse suggerito di farli sbarcare a Manfredonia. Lo avevano fatto da sempre!).

Oltre a dare una versione di parte del conflitto, queste opere trascurano le conseguenze delle operazioni militari sulla popolazione civile, per cui occorre integrarle con le fonti siciliane disponibili, prima di tutto il manoscritto di Domenico Barca cui è dedicato l'ottimo sito «L'Assedio di Milazzo del 1718/19», ma anche la «Relazione istorica» di Vincenzo Cartella pubblicata da Francesco Muscolino o gli articoli di Alberico Lo Faso di Serradifalco basati su documenti dell'Archivio di Stato di Torino. Non si deve inoltre dimenticare che dai tempi di Gerba la ricerca storica ha fatto progressi, chiarendo molte cose e sfatando molti luoghi comuni (per esempio quello del ritardo economico della Sicilia di allora).

Termini tedeschi, gradi e nomi

L'uso di termini tedeschi è stato limitato il più possibile, non avendo senso usare espressioni delle quali esiste l'esatto corrispondente italiano, preferendosi sempre la locuzione tradizionale (per esempio «Consiglio aulico di guerra» e non «Consiglio di guerra di corte» per *Hofkriegsrath*). A quel tempo la grafia del tedesco non era ancora standardizzata e si faceva molto uso di termini di origine italiana o latina. Se possibile si è usata la grafia attuale; altrimenti un termine viene scritto come all'epoca. Occorre notare che gli autori delle *Campagne del Principe Eugenio di Savoia* hanno reso tutto nel tedesco allora corrente in Austria, per cui sarebbe ingenuo usare le loro espressioni pensando siano quelle originali.

I gradi militari non avevano precisa corrispondenza con quelli in uso altrove e le loro denominazioni erano piuttosto lunghe, per cui essi sono stati resi con abbreviazioni.

Nell'interesse della concisione la compitazione dei nomi di persona e di reggimento è stata semplificata, rinviandosi per quelli completi agli allegati. Però mentre per i nomi di persona viene usata la grafia corretta (per esempio "Portia" e non "Porcia") per quelli di reggimento viene seguita quella ufficiale (quindi "Luccini" e non "Lucini") al fine di non complicare le ricerche nei vari repertori.

Data la complessità dell'argomento è inevitabile che gli autori siano incorsi in imprecisioni e saranno grati a quanti volessero segnalargliele.

GianCarlo Boeri
Paolo Giacomone Piana

ABBREVIAZIONI

Materiale d'archivio

AHN	Archivo Histórico Nacional, Madrid
ASMi	Archivio di Stato di Milano
ASNa	Archivio di Stato di Napoli
Bibl. Cat.	Biblioteca de Catalunya
HHSA	Haus-, Hof- und Staatsarchiv, Wien

Materiale a stampa e online

ADB	*Allgemeine Deutsche Biographie*
Assedio di Milazzo	«L'Assedio di Milazzo del 1718/19», blog
Avvisi	*Avvisi Italiani*, Vienna
Campagne	*Campagne del Principe Eugenio di Savoia*
Castellví	CASTELLVÍ, *Narraciones históricas*
Czegka	CZEGKA, *Uniformen der kaiserlichen Infanterie unter Prinz Eugen*
DBI	*Dizionario Biografico degli Italiani*
De Colpi	[DE COLPI], *Diario di tutto quello successe nell'ultima guerra di Sicilia fra le due Armate Alemana [sic] e Spagnola*
Duffy	DUFFY, *The Army of Maria Theresia. The Armed Forces of Imperial Austria 1740-1780*
Feldzüge	*Feldzüge des Prinzen Eugen von Savoyen*
Haussman	HAUSSMAN, *Die Feldzeichen der Truppen Maria Theresias*
Gudenus	*Reiter, Husaren und Grenadiere. Die Uniformen der Kaiserliche Armee um Rhein 1734*
Knötel	KNÖTEL, *Große Uniformenkunde*
Kostka	KOSTKA, *Observationes zu dem Articuls-Brief Leopoldi I.*
Imperial Austrian Army	HALL - BOERI, *Uniforms and Flags of the Imperial Austrian Army (1683-1720)*
L'esercito imperiale	MUGNAI – CRISTINI, *L'esercito imperiale al tempo del principe Eugenio di Savoia 1690-1720*
Müller	MÜLLER, *Die kaiserl. königl. österreichische Armee seit Errichtung der stehenden Kriegsheere bis auf die neuste Zeit*
NDB	*Neue Deutsche Biographie*
Portionen Buch	*Kaiserliche Ordonnanz und Portionen Buch*
Radics	RADICS, *Die Heidelberger Parade 1745. Nach einem gleichzeitigen Bilde geschildert*
Regal	REGAL, *Reglement Uber ein Kayserliches Regiment zu Fuß*
Schmidt-Brentano	SCHMIDT-BRENTANO, *Kaiserliche und k.k. Generale (1618-1815)*
Sorando Muzás	SORANDO MUZÁS, *Trofeos austriacos y sardos obtenidos por los ejércitos de los reyes hispanos Felipe V y Fernando VI (1717-1759)*
Tessin	TESSIN, *Die Regimenter der Europäischen Staaten im Ancien Regime des XVI. bis XVIII. Jahrhunderts*
Teuber	TEUBER, *Die österreichische Armee von 1700 bis 1867*
Tra i Borboni e gli Asburgo	ILARI – BOERI - PAOLETTI, *Tra i Borboni e gli Asburgo. Le armate terrestri e navali italiane nelle guerre del primo Settecento (1701-1732)*
Triomphes	*Les Triomphes de Louis le Grand*
Wrede	WREDE, *Geschichte der K. und K. Wehrmacht*
Wurzbach	WURZBACH, *Biographisches Lexikon des Kaiserthums Österreich*

Gradi militari

FM	Feldmarschall
GdC	General der Cavallerie
FZM	Feldzeugmeister
FML	Feldmarschall-Lieutenant
GFWM	General-Feldwachtmeister

INDICE

UNIFORMI DELL'ESERCITO AUSTRIACO

Sulle uniformi dell'esercito austriaco negli ultimi trent'anni del XVII secolo e nei primi trenta del XVIII non esistono molte disposizioni scritte, anche se un numero ragionevole di informazioni si può ricavare da fonti disparate. In genere però esse sono riferibili o al momento della formazione del corpo (quasi sempre provenienti dalla documentazione riportata nelle varie storie reggimentali) o al periodo delle guerre della Lega d'Augusta (1688-1697) e della successione spagnola (1701-1714), e, in parte, delle guerre in Ungheria contro gli ottomani, mentre assai scarse sono quelle disponibili per gli anni dal 1720 al 1730.

Per un lungo periodo i singoli colonnelli ebbero l'incombenza di provvedere direttamente al vestiario e all'equipaggiamento dei soldati del proprio reggimento, per il quale incarico ricevevano una somma fissata (e sulla quale spesso speculavano), anche se già nel 1708 e poi ancora nel 1715 si era iniziato da parte dell'amministrazione militare a centralizzare, almeno in parte, la fornitura dei generi necessari e a dare indicazioni generiche sulla sua composizione (abiti di colore biancastro per la fanteria). Nelle "capitolazioni" per la formazione di nuovi corpi normalmente veniva stabilito quali fossero i generi di vestiario di cui i soldati del reparto dovevano essere forniti (anche se quasi sempre non se ne specificavano i colori). Un grave ostacolo è poi rappresentato dall'uso generico di termini che altrove avevano un preciso significato: per esempio, mentre gli eserciti francese, spagnolo o inglese distinguevano fra moschetto (a miccia) e fucile (a pietra focaia), in quelli germanici entrambi i tipi erano detti *Musquet*.

Il primo dei venti volumi della monumentale opera *Campagne del Principe Eugenio di Savoia* della Divisione Storica Militare dell'i.R. Archivio di Guerra ha carattere introduttivo e trattando della struttura e organizzazione dell'esercito austriaco dedica una sezione al suo abbigliamento, equipaggiamento e armamento (in particolare per quanto riguarda la fanteria)[1] La fondamentale opera di Alphons von Wrede *Geschichte der K. und K. Wehrmacht* fornisce indcazioni di carattere generale sulle uniformi sparse nella parte introduttiva di ogni volume, mentre quasi tutte le schede dei corpi hanno una sezione *Adjustirung* che riporta in forma schematica i dati sulle uniformi che l'autore ha ricavato dai documenti consultati, dei quali purtroppo solo pochi risalgono al 1726 o a anni precedenti.

Della stessa epoca è anche *Die österreichische Armee von 1700 bis 1867* di Oskar Teuber (illustrazioni di Rudolph von Ottenfeld) un lavoro pregevole, ma non molto affidabile per questo periodo.[2] Agli inizi del secolo Johann Karger ha fatto un'accurata ricostruzione dello sviluppo nel tempo del vestiario e dell'equipaggiamento dell'esercito austriaco, ma la sua opera è rimasta sconosciuta fino al 1998 (qualcuno ha addirittura ipotizzato che l'originale, ultimato nel 1903, sia rimasto allo stato di manoscritto)[3].

Richard Knötel ha presentato il risultato delle sue ricerche in alcune tavole della sua opera *Große Uniformenkunde* sulle uniformi degli eserciti europei, utilizzando sia fonti di archivio (ma senza fornire tutti i dettagli relativi), sia rappresentazioni contemporanee: di particolare importanza sono le tavole raffiguranti i reggimenti *Browne* (poi I.R. 57) nel 1717 e *Ludwig von Württemberg* (poi I.R. 10) nel 1724, basate su regolamenti di esercizio manoscritti rimasti inediti, e le due versioni della tavola sul reggimento *Alt-Württemberg* in Sicilia, mostrato

---

1   *Campagne*, I, pp. 203-217.
2   OSKAR TEUBER, *Die österreichische Armee von 1700 bis 1867*, disegni di RUDOLPH VON OTTENFELD, Wien, Berte und Czeiger, 1895, voll. 2; rist. Graz, Akademische Druck- u. Verlagsanstalt, 1971, voll. 2. Teuber indica i colori del vestiario di undici reggimenti nel 1716, ma egli stesso dubita che il documento utilizzato sia anteriore al 1729 (*Teuber*, I, p. 47). Questi dati non sempre coincidono con le notizie fornite da Czegka (v. *infra*); un confronto di dettaglio mostra altre differenze, errori nella grafia dei nomi (fatto molto comune nei manoscritti dell'epoca), talvolta i reggimenti sono confusi con altri dello stesso nome (non tenendo conto del passaggio del colonnello dall'uno all'altro).
3   JOHANN KARGER, *Die Entwicklung der Adjustierung, Rüstung und Bewaffnung der österreichisch-ungarischen Armee 1700-1809*, Wien 1903, rist. Buchholz, LTR-Verlag, 1998.

▲ *Esercizi militari dei dragoni* (Collezione privata).

prima in uniforme blu e poi, correggendo l'errore, bianca[4].

Negli anni intorno al 1970 Rudolph Donath ha raccolto in una serie di tavole, dal tratto *naif*, ma molto accurate nella documentazione, quasi tutte le informazioni disponibili sulle uniformi dell'esercito austriaco tra la fine del Seicento e il Settecento, senza però specificare quali documenti abbia utilizzato[5]. Infine nei decenni passati sono comparsi una serie di articoli in riviste specializzate che hanno trattato del tema, fornendo qualche altro elemento aggiuntivo e di recente il libro *Uniforms and Flags of the Imperial Austrian Army (1683-1720)* basato sullo stesso materiale utilizzato per questo volume, nel quale la parte riguardante i reggimenti "reali" è inedita. Il suddetto libro è stato copiato (senza citarlo) in volumi successivi, nei quali si nota il ricorso a "licenze poetiche" nella ricostruzione di alcune uniformi da esso non raffigurate per mancanza di documentazione. Di fondamentale importanza per la ricostruzione delle uniformi della fanteria di questo periodo è l'articolo di Eduard Czegka comparso nel 1933 sulla rivista tedesca *Zeitschrift für Heereskunde*[6], che riporta un documento quasi sconosciuto dell'Archivio di Guerra di Vienna risalente al 1716, che fornisce molte informazioni aggiuntive ed "ufficiali" sui colori delle uniformi della fanteria austriaca dell'epoca. Il 3 settembre di quell'anno il Principe Eugenio scriveva al Consiglio aulico di guerra dal campo di Temesvar che per essere certo che tutto fosse pronto per tempo per l'inizio della campagna dell'anno seguente tutti gli equipaggiamenti e gli uomini dovevano essere riuniti il prima possibile. Per consentire la migliore esecuzione della raccolta delle reclute a livello provinciale si aggiunse una lista dei colori del vestiario dei reggimenti. Cosicché all'incartamento conservato nell'archivio furono aggiunte le memorie provenienti dai reggimenti di fanteria, sottoscritte dai comandanti e munite del loro sigillo, nelle quali ogni unità dichiarava quale fosse l'uniforme e talvolta anche l'equipaggiamento di cui disponeva[7]. Poiché probabilmente non era stato indicato un formato prefissato per le risposte e i promemoria dovevano servire solo per mettere in condizione le province di confezionare i vestiari per le reclute, gran parte delle risposte riguardano solo i soldati semplici e, spesso, non sono ricche di dettagli. Come osservò lo stesso principe, al 3 settembre non tutti i reggimenti avevano ancora fornito le

---

4   RICHARD KNÖTEL *Große Uniformenkunde*, Rathenow, Babenzien, 1890-1914 (18 parti di tavole con testo di accompagnamento). Le tavole citate sono *Band* XIV, 1, 22, *Band* XVII, 14-15 e le due versioni di *Band* II, 21. L'uniforme blu con mostre gialle venne effettivamente portata dal reggimento, ma solo alcuni decenni dopo la campagna di Sicilia.

5   RUDOLPH DONATH, *Die Kaiserliche und Königliche Österreichische Armeé 1618 – 1918*, 2ª ed., Simbach am Inn, in proprio, 1979.

6   EDUARD CZEGKA, *Uniformen der kaiserlichen Infanterie unter Prinz Eugen*, in *Zeitschrift für Heereskunde*, 1933, nn. 49, 50, 51.

7   Il testo della lettera, senza gli allegati, in *Feldzüge*, XVI, pp. 112-113 suppl. (la traduzione italiana in Campagne, XVI, pp. 103-105 suppl., omette la parte che accenna al vestiario). Da quanto si può ricavare l'incartamento è stato utilizzato per la redazione di alcune storie reggimentali.

informazioni richieste. I funzionari del Consiglio aulico di guerra però dal canto loro cercarono di colmare le lacune per i reggimenti mancanti ed aggiunsero dei fogli, quasi sempre senza data nè firma, spesso solo con brevi note, cosicchè oggi disponiamo dei dati per 38 reggimenti di fanteria. Purtroppo questi allegati sono andati perduti e l'articolo di Czegka è l'unica testimonianza del loro contenuto.

Il fatto che le informazioni sul vestiario venissero richieste in vista del reclutamento non deve essere inteso come una circostanza eccezionale, ma era una procedura tipica del reclutamento nelle province. Dai registri protocollari del Consiglio aulico di guerra possiamo vedere che tale richiesta era stata fatta anche nel 1705. Non si deve dimenticare che all'epoca nessun esercito aveva un regolamento che fissasse i colori dei capi di vestiario, la cui scelta era lasciata all'arbitrio dei singoli colonnelli.

Un'altra fonte proveniente dal Kriegsarchiv di Vienna, anch'essa poco nota, è costituita da un libretto manoscritto del 1717[8], contenente una lista di generali e reggimenti con molte cancellazioni e variazioni a mano, nella quale si accenna brevemente anche al vestiario indossato dando qualche elemento nuovo, almeno per quanto riguarda l'abito e le mostre di alcuni reggimenti di fanteria.

REGGIMENTI IMPERIALI DI FANTERIA

Il "gran vestiario" (o la "gran massa" come verrà detta a Napoli), cioè cappello, abito, veste e calzoni, doveva in genere avere una durata di 2-4 anni; ma considerando la cronica scarsità di denaro dell'erario imperiale durante un lungo periodo di guerra con conseguenti problemi nei rifornimenti, il tempo per il rinnovo del vestiario poteva raddoppiarsi o anche triplicarsi.

Si può ragionevolmente assumere che i dettagli forniti negli anni 1716 e 1717 per i reggimenti i cui colonnelli non sono cambiati nel periodo successivo siano rimasti invariati per molti anni. Con un atteggiamento realistico nei confronti della situazione e della prassi dell'epoca bisogna riconoscere che un nuovo colonnello, appena nominato, per un reggimento in campagna e lontano dalla sua stazione ordinaria non avrebbe potuto facilmente cambiare le uniformi[9].

L'uniforme del soldato

Dalle numerose capitolazioni per la formazione dei reggimenti che ci sono pervenute e dalle ordinanze che venivano ogni tanto emesse nei vari territori dell'Impero[10], appare che ogni soldato di fanteria regolare "tedesca" riceveva ogni quattro anni un abito (Rock)[11] di panno con fodera di baietta o altro materiale, abbastanza lungo da giungere al ginocchio (e come talvolta si specificava abbastanza ampio da permettere di coprire l'arma da fuoco in caso di tempo inclemente) con bottoni di legno ricoperti di panno o di metallo disposti variamente; ogni due anni una veste (camisol), di solito del colore delle mostre o dello stesso panno dell'abito; ogni anno un paio di calzoni (brache) di panno, ma anche, spesso, di pelle, perché materiale più adatto all'uso in campagna. I calzoni erano fermati al di sotto del ginocchio con un cinturino di cuoio: quelli di panno erano di solito del colore dell'abito, ma talvolta anche del colore delle mostre o, più raramente, di un altro colore ancora. D'estate si portavano invece pantaloni di tela biancastra. Il "gran vestiario" era completato dalla fornitura delle scarpe[12]. Il "piccolo vestiario" consisteva in calze, cravatta e cappello, effetti che venivano pagati con una deduzione dalla paga del soldato. Ogni anno egli riceveva un paio di buone e forti calze (di lana o di panno): in campagna si portavano ghette di tela (di cuoio di solito per i granatieri), in uso da anni negli eserciti europei per proteggere nelle marce e nelle azioni di guerra brache e calze ordinarie. La cravatta di crespone nero o rosso (ma

---

8   Kriegsarchiv Wien, *Cahier Enveloppe B, Schema Nr. 16 1/3*.
9   Si veda per esempio quanto scrisse il comandante del reggimento *Hoensbroeck-Gehlen*, il cui colonnello era appena stato ucciso (sotto Peterwaradin nel 1716), secondo cui «poiché la gran parte del reggimento è vestita in tal guisa, credo che un futuro generale o colonnello lo manterrà tal quale».
10   Spesso raccolte in appositi volumi, per esempio il *Corpus Juris Militaris* del quale esistono varie edizioni a cura di autori diversi.
11   In italiano si parla solitamente di "giustacorpo", ma in realtà questo termine veniva usato solo dall'esercito sabaudo.
12   In opere ottocentesche si fa riferimento a un regolamento del 1720 che però non è stato possibile rintracciare (la prima citazione sembra in *Müller*, I, p. 597).

spesso anche di tela bianca) veniva annodata dietro al collo (solo i caporali l'annodavano davanti). Il cappello (che doveva durare due anni) era di feltro nero, ormai portato a tre falde (tricorno) e di solito con un bordo di nastro bianco (per la maggioranza dei corpi, ma poteva anche essere giallo); alla sua falda sinistra si poteva apporre la coccarda (solitamente nera). Per distinguersi tra loro le varie compagnie portavano sul cappello un bottone ricoperto di stoffa di diversi colori; in campagna o in battaglia vi si metteva anche un ramoscello di bosso o altro arbusto verde in estate o un mazzetto di paglia in inverno per distinguere le truppe amiche da quelle nemiche[13]. Oltre a ciò al soldato venivano anche fornite una berretta da campo di lana (*Holzkappe*), da usare a riposo e nei servizi di fatica, e due camicie.

Il taglio dell'abito poteva variare da un reggimento all'altro, seguendo la moda del momento e del Paese in cui era stato confezionato il vestiario (di solito i vestiari venivano confezionati nei territori sul tesoro dei quali venivano pagati). I paramani, piuttosto ampi, erano solitamente fermati da 3 o 4 bottoni. Anche le coperture (patte) delle tasche erano fermate da alcuni bottoni (di solito 3 o 4) Spesso sulla spalla destra vi era un passante del colore distintivo o dell'abito, talvolta filettato del colore reggimentale, per reggere la bandoliera con la giberna. Qualche reggimento aveva anche un piccolo colletto. L'abito doveva essere portato aperto in estate e abbottonato in inverno. Nei reggimenti con abiti muniti di due file di bottoni l'abito aperto veniva abbottonato all'indietro per mostrare la fodera e dare l'impressione che avesse al petto dei risvolti del colore distintivo, come mostra l'*Exercitium* del reggimento *Browne*. Alcuni reggimenti avevano già adottato l'uso di portare agganciate tra di loro le estremità delle falde dell'abito per facilitare i movimenti.

La veste che si portava sotto l'abito aveva spesso le maniche, e poteva essere abbottonata sul petto da una o da due file di bottoni. Di solito era del colore delle mostre, ma in numerosi casi era anche bianca. Il panno della veste era per prassi più leggero di quello dell'abito. Anche la veste disponeva di due piccole tasche, chiuse da alcuni bottoni. In estate e in campagna si usava spesso la sola veste, risparmiando l'abito per le parate ed i tempi freddi. I quadri dell'epoca (specie i ritratti), le incisioni (quelle dei Rugendas sono molto precise) e le tavole allegate ai manuali di esercizi di alcuni reggimenti mostrano figure che variano alquanto da quanto siamo abituati a vedere nelle ricostruzioni successive[14].

La corrispondenza del principe Eugenio e quelle di altri personaggi dell'epoca confermano l'ovvio fatto che l'uniforme del soldato, e persino quella degli ufficiali, non rimaneva in ordine a lungo in campagna, dando spesso l'impressione di trovarsi di fronte a una banda di mendicanti o poveracci anziché in presenza di un esercito. L'endemica mancanza di fondi rendeva il cibo e l'armamento le priorità essenziali, mentre il vestiario era rimpiazzato in periodi più lunghi di quelli previsti da regolamenti e ordinanze.

Granatieri e falegnami

I granatieri vestivano come la truppa distinguendosi per il berrettone guarnito di pelliccia d'orso, indossato nelle funzioni pubbliche, in parata e in battaglia (considerata allora un'occasione solenne). Il berrettone era di forma tronco-conica, arrotondato verso la metà, con una "manica" di panno ricadente all'indietro, di solito del colore delle mostre, bordata da galloni e terminante con un fiocco (normalmente del colore dei bottoni). Sul davanti del berrettone vi era spesso una placca, o di metallo pieno (quasi sempre in lastra di bronzo) oppure costituita da un emblema caratteristico del reggimento su un fondo di panno del colore delle mostre. Questi berrettoni costituivano un'evoluzione dei berretti da campo di lana, con una frontiera rigida, che furono poi avvolti da pelliccia.

Non vi erano prescrizioni in merito e ogni reggimento si regolava in maniera diversa. Il FML Regal, descrivendo il berrettone dei granatieri del suo reggimento, scrive che la "manica" era bordata con un gallone bianco, e decorata nel mezzo con uno a zig-zag; sergente e furiere avevano tre galloni d'argento, il tenente quattro d'oro, il capitano cinque galloni dorati a zig-zag[15].

---

13   Nel fumo delle battaglie i soli colori dell'uniforme non bastavano a distinguere amici e nemici. Fu questa l'origine del rametto verde portato sul copricapo dall'esercito austro-ungarico in occasione di parate.
14   *Imperial Austrian Army*, pp. 102-103 e *Regal, pp. 63-66*.
15   *Regal*, p. 65.

I "falegnami" (zappatori) avevano un berrettone simile a quello dei granatieri, ma più basso, spesso decorato in fronte con le iniziali del colonnello poste sopra asce incrociate. Essi inoltre portavano nelle marce e nelle solennità un ampio grembiule di pelle e le asce caratteristiche della loro specialità.

Tamburi, pifferi e oboisti

La livrea di tamburi e pifferi era di solito di colori opposti al vestiario dei soldati, spesso rosso e blu o anche dei colori dello stemma del colonnello. La combinazione più frequente consisteva in un abito rosso, con veste e calze dello stesso colore, mostre e calzoni blu e cravatta bianca. In ogni caso le cuciture dell'abito erano guarnite di galloni nella livrea del reggimento; spesso portavano alle spalle dei nastri colorati, che col passar del tempo diedero origine alla guarnizione "a nidi di rondine". Le casse dei tamburi erano di legno dipinto a colori vivaci, che si solito erano quelli della livrea del reggimento o quelli del territorio da cui il reggimento dipendeva (per esempio nel caso di un reggimento "capitolato"). Al centro della cassa comparivano le armi del colonnello o del regno, o ancora l'aquila imperiale oppure una combinazione di alcuni di questi elementi. Non è stata reperita alcuna informazione sul vestiario degli oboisti componenti la banda reggimentale: a quel tempo era normale vestirli con abiti privi di galloni in colori diversi da quelli della truppa (non necessariamente gli stessi portati da tamburi e pifferi).

Sottufficiali

Secondo il *Reglement* del FML Regal i reggimenti di fanteria vestivano i loro componenti dal grado di sergente in giù con l'abito di lana naturale grigio-bianca, tranne furieri, scrivani, *Feldscherer*, *Fourier-Schützen* e musicanti, che potevano portarlo di colore diverso. In genere i loro abiti avevano colori opposti a quelli della truppa, ma non si trattava di una regola assoluta, bensì del criterio prevalente all'epoca negli eserciti dei paesi di lingua tedesca (potevano anche essere vestiti degli stessi colori dei soldati del proprio reggimento). Probabilmente tale eccezione valeva anche per il personale dello stato maggiore reggimentale. In ogni caso i sergenti (e loro equiparati) usavano panni più fini, talvolta con galloni d'argento o dorati al cappello e anche ai paramani o alle bottoniere dell'abito.

Ufficiali

Seguendo la prassi di tutti gli eserciti dell'epoca, l'ufficiale si distingueva dai soldati per il panno più fine con cui erano confezionati i vestiti, guarniti, come anche il cappello, da galloni dorati o argentati; i bottoni erano di metallo. Spesso negli eserciti tedeschi gli abiti erano di colore differente da quelli della truppa: di solito gli ufficiali erano vestiti di rosso o cremisi come la maggioranza dei nobili. Non esistevano disposizioni in merito alla gallonatura degli abiti, che dipendeva soprattutto dalle possibilità economiche dell'ufficiale: era comune possedere anche un abito senza galloni (di minore costo) da portare nel servizio quotidiano. L'uso della parrucca era normale. In servizio gli ufficiali portavano in vita o a tracolla la sciarpa di seta gialla e nera (i colori imperiali), oro e nero per i gradi superiori (capitani inclusi).

Gli ufficiali dovevano prestare servizio a piedi, salvo l'aiutante del reggimento che doveva essere a cavallo; era però cosa comune che gli ufficiali superiori (e nelle marce anche i capitani) fossero montati. In tale circostanza gli ufficiali indossavano alti stivali neri nello stile dell'epoca e usavano gualdrappe (*Schabracken*) e coprifonda (*Schabrunken*) rosso cremisi o del colore distintivo del reggimento, con ricami e frange in oro o in argento.

Equipaggiamento e armamento

Il soldato semplice (*Gemeine*) aveva fucile con baionetta e spada (a lama diritta) appesa a un cinturone di cuoio portato in vita. Pur essendo dotato di un'arma da fuoco a pietra focaia il soldato semplice era sempre detto "moschettiere" perché nell'esercito imperiale veniva detto "moschetto" (*Musquet*) sia il vero moschetto (a miccia), sia il fucile (a pietra focaia), adottato nel 1699 e diffusosi a partire dal 1705. Il calibro era stabilito in base al peso della palla (nel 1733 era di 1½ *Loth* peso di Vienna pari a 26,3 g.); in termini moderni il calibro di un moschetto a pietra focaia era di circa 18,4 mm. con leggere variazioni a seconda del fornitore[16].

Ogni soldato aveva una dotazione da 24 a 34 cartucce di carta, conservate in una giberna di cuoio, spesso an-

---

16   *Feldzüge*, I, p. 222; *Campagne*, I, pp. 216-217; *Teuber*, I, p. 69; *Imperial Austrian Army*, p. 129.

nerita, con la sua tracolla pure di cuoio. Essi avevano anche un sacco in tela (*Tornister*) portato a tracolla che fungeva loro da zaino.

L'armamento del granatiere differiva da quello del moschettiere per la sciabola (arma da taglio a lama curva) al posto della spada e per una grande giberna appesa alla bandoliera per riporvi le granate a mano. Scrive il FML Regal nel suo *Reglement*: «Il falegname, come il caporale deve avere una pistola ad una cinta / come pure una piccola giberna / alla vita / come il granatiere, un grembiule di pelle / una accetta grossa ed una piccola / una sciabola come arma da fianco ... I granatieri nella divisa non differiscono dagli altri che per queste piccole giberne / che portano alla vita / (che in caso di allame si devono servire della grande per le granate) ... Al moschettiere va dato anche uno zaino, con una cinghia di cuoio giallo / e consiste la distinzione dei granatieri nel fatto che / essi portano giberne più grandi / per cui hanno le bandoliere / anche più grandi a proporzione / bandoliere gialle / e una micciarola stagnata. Le cinture delle piccole giberne per *Führer* / furiere, scrivano / barbiere e *Fourier-schützen* possono essere di cuoio giallo / larghe due buoni pollici / .../ portate sul lato destro / portano anche fucili / che devono essere muniti di bretelle. Da sergente incluso devono tutti i sottufficiali, tamburi e piffeli / essere provvisti di spada / sia anziani, sia di prima nomina»[17] Probabilmente Regal riporta quanto comunemente si usava, ma vi erano certamente varianti dovute alla volontà del colonnello o a tradizioni reggimentali.

Dopo l'abolizione della picca, le armi ad asta erano rimaste in uso per i sottufficiali (caporali compresi) e gli ufficiali delle compagnie moschettieri. L'arma tipica dei sottufficiali era l'alabarda (*Hallebarde*), detta anche *Kurzgewehr* (arma corta) con riferimento alla picca che poteva misurare oltre quattro metri. Il caporale ne aveva una con una lama di ferro dritta, con cui offendere, e su di un lato una lama a forma di mezzaluna e sull'altro un gancio rivolto verso il basso. Le alabarde degli altri sottufficiali avevano invece una lama verticale a forma di fiamma, con una mezzaluna. Il *Führer* non aveva alabarda perché di solito portava la bandiera della compagnia arrotolata in una custodia di tela cerata: quando la consegnava all'alfiere riceveva da questi la «ginetta» o corta picca (*Spring-Stock*) di cui era armato.

Dal grado di tenente in su in servizio gli ufficiali portavano la partigiana (*Partisane*), detta anche spuntone (*Sponton*) perché nell'esercito austriaco non c'era una precisa distinzione tra i due tipi di armi come in altri eserciti (È probabile che almeno nei reggimenti "reali" gli ufficiali dei moschettieri portassero sempre lo spuntone a lama larga che usavano al tempo degli Asburgo spagnoli). La partigiana aveva una lama di 30 - 35 cm innestata su un'asta, di legno verniciato scuro, di lunghezza da 160 a 190 cm. La lama, decorata con le iniziali e lo stemma dell'imperatore, aveva spesso una doratura, la cui ampiezza e complessità variava a seconda dei gradi. La partigiana era decorata da un fiocco di seta, argento o oro che esprimeva il grado di chi la portava: il fiocco del colonnello era in oro, quello del tenente colonnello misto d'oro e d'argento e quelli dei capitani misti d'oro e del colore distintivo del reggimento; la partigiana del tenente non aveva fiocco[18]. L'*Obrist-Wachtmeister* (maggiore) non portava partigiana, una tradizione risalente ai tempi in cui non era titolare di una compagnia. Ufficiali e sottufficiali erano armati anche di spada, naturalmente più ricca di quella della truppa; quelli dei granatieri portavano invece la sciabola e non avevano armi d'asta bensì fucili simili a quelli dei soldati, ma non facevano uso della baionetta, salvo il caporale che la portava sempre inastata sul fucile[19].

---

17   *Ibidem*. pag. 65: «*der Zimmermann muß gleich dem Corporal ein Pistol an einer Schnur haben / deßgleichen ein kleine Patron-Taschen / um die Mitte / wie die Grenadier, ein Schurtz-Fell / ein kleine und grosse Hacken / zum Seiten-Gewehr einen Sabel ... Die Grenadier seynd in der Montour nichts von denen anderen unterschieden, als in denen kleinen Patron-Taschen / die sie um den Leib tragen / (dann sie im Fall der Noth die Grosse zu den Grenaden brauchen müssen) wie auch in denen Kappen so auch mit Bären-Haut überzogen und den Rand durch weiss zwirne Borten zweimal ein-gefaßt haben ... Dem Musquetier gehört auch ein Tornister, mit einem gelben ledern Riemen / und besteht der Unterschied der Grenadiers darinnen / daß sie grössere Creutz-weiß Patron-Taschen führen / davon die Riemen / di à proportion auch grössere sind / gelbe Schnallen / und einen blechernen Lunten-Verberger haben. Die Riemen der kleinen Patron-Taschen von denen Führern / Fourier, Musterschreiber / Feldscherer und Fourier-Schützen / sollen ebenfalls von gelben Leder seyn / zwey gute Daumen breit / gedachte Patron-Taschen / sollen sie über die Büge oder Quer / auf der rechten Seiten tragen / auch Führen sie Flinten / welche mit Riemen müssen versehen seyn. Vom Feldwaibl an sollen alle Unter-Officier, Tambour und Pfeiffer / mit Degen versehen seyn / es seynd ausgelehrte oder Lehrjungen*».
18   *Ibidem*.
19   *Müller*, I, p. 602. In questo periodo gli ufficiali non portavano la baionetta permanentemente inastata sul fucile come scrive *Imperial Austrian Army*, p. 129: quest'uso fu adottato in epoca successiva.

Ufficiali e sottufficiali (caporale compreso) avevano un bastone (*Stock*) che portavano anche fuori servizio. Il caporale portava una semplice canna priva di guarnizioni, mentre il bastone del sergente e degli altri sottufficiali era decorato da un cordone. L'alfiere aveva un bastone con pomo di legno e cordoncino d'argento; il tenente un bastone un po' più largo di bambù senza pomo e con fiocco; il capitano con un bastone di bambù più fine, con un pomo d'avorio o d'osso; il maggiore lo stesso con un pomo ed una catenella d'argento; il tenente colonnello aveva un pomo di maggiori dimensioni, senza catenella; il colonnello aveva diritto ad un pomo d'oro al suo bastone. Ma vi erano molti abusi e spesso gli ufficiali superiori portavano bastoni dorati o argentati cui non avevano diritto.[20]

Panni e colori del vestiario

All'inizio del XVIII secolo la maggior parte dei reggimenti imperiali di fanteria aveva vestiti confezionati con panni di lana naturale grigia, forse perché si trattava del tessuto più a buon mercato. La tonalità preferita era quella biancastra detta "grigio-perla" (chiamato nei documenti pontifici dell'epoca "grigio argentino") che faceva risaltare il colore delle mostre molto più dei panni scuri. La maggioranza degli stati cattolici a quell'epoca usava abiti di lana bian-

▲ *Ritratto di ufficiale dei corazzieri, di Francesco Liani* (Collezione privata).

castra per le proprie fanterie, mentre i soldati degli stati protestanti erano di solito vestiti con abiti di colore rosso, blu o, più raramente verdi. Quando era possibile si preferiva il panno di Iglau, cittadina della Moravia celebre per sue industrie tessili, giacché era ritenuto di particolare buona qualità e adatto al vestiario militare. Il 28 dicembre 1707 il principe Eugenio scrisse all'imperatore Giuseppe I in qualità di presidente del consiglio aulico di guerra, rilevando che quasi tutti i reggimenti di fanteria portavano abiti color perla o grigio-bianco, salvo alcuni che li avevano ancora blu o verdi: sottoponeva quindi all'approvazione imperiale una proposta (*Opinio*) del suddetto consiglio perché si ordinasse ai reggimenti destinati a servire in campagna di portare vestiti, o almeno l'abito, di color grigio chiaro o perla, precisandosi che quelli che sarebbero rimasti nelle guarnigioni potevano continuare ad averli di altri colori. Giuseppe I approvò tale disposizione, che nel 1708 fu estesa a comprendere tutti i reggimenti, con la sola eccezione di quelli costituiti dai principi tedeschi[21].

La scelta dei colori distintivi del reggimento, della veste e dei calzoni rimase al colonnello. Solo dal 1767 furono le autorità militari centrali a stabilire i colori delle uniformi dei singoli reggimenti dell'esercito (*Egalisierung*) e le successive modifiche vennero sempre decise da queste autorità. Fino a quel momento il colore delle mostre (e cioè dei paramani, dei colletti quando l'abito ne era dotato, talvolta della fodera) poteva variare per ogni reggimento da un anno all'altro (alla scadenza della durata degli effetti) probabilmente non solo a seconda della scelta del colonnello, ma anche della disponibilità dei panni e dei tessuti delle fodere nel luogo ove le truppe si trovavano stanziate in quel momento oppure veniva confezionato l'abbigliamento. A volte la scelta del colore era anche dettata da considerazioni araldiche, in quanto, se possibile il colonnello cercava di riprodurre nell'uniforme dei soldati i colori del suo stemma. Così Browne de Camus faceva comparire i suoi colori araldici bianco e nero. Di solito i colori delle mostre non variavano in un reggimento mentre rimaneva in carica lo stesso colonnello (a meno che nel territorio ove l'unità si trovava i colore prescelti non fossero disponibili sul mercato).

20   *Exercitium des löblichen General Graf Wallischen Regiments zu Fuß*, s.n.t. [1705], pp. 50-51.
21   Il principe Eugenio all'imperatore (Vienna, 28 dicembre 1707), in *Campagne*, X, pp. 5-6 suppl.; *Teuber*, I, p. 47; *Wrede*, I, p. 37.

Tav. 23 Ufficiale superiore e moschettiere, reggimento Alt-Wallis.

Reggimenti di fanteria imperiali impegnati nel conflitto

Le schede che seguono riportano quanto è stato reperito riguardo il vestiario dei reggimenti di fanteria "impe-riali" impegnati nella guerra del 1717-1720[22]: alcuni dati si riferiscono ad anni precedenti o successivi, potendosi presumere che, non essendo cambiato il colonnello, i colori del vestiario siano rimasti invariati.

Se per un'unità non viene indicato il colore dei paramani è probabile che fosse uguale a quello dell'abito. Però quando nelle risposte inviate a Vienna tra il 1716 e il 1717 il dato manca l'omissione può essere dovuta al fatto che all'epoca questa informazione non era ritenuta fondamentale, anche se non si può escludere l'eventualità di una semplice dimenticanza. Il colore degli abiti viene indicato indifferentemente in bianco, grigio chiaro, grigio-bianco, grigio-perla a seconda della fonte, ma è sempre lo stesso, quello biancastro assunto dalla lana trattata e non interamente sbiancata.

IR Anspach — Tessin 1724/ 2

1716: abito, fodera, veste, pantaloni, calze bianco; mostre rosso scarlatto; cravatta rossa; bottoni stagno; bordo cappello bianco (Czegka).

1726: abito bianco, mostre rosse (Wrede)

IR Baden-Durlach — Tessin 1724/ 1

1717: abito, fodera, veste, pantaloni e calze bianco; mostre rosso carminio; cravatta rossa; bottoni ottone; bordo cappello bianco. Caporale e sergente galloni argento al cappello. Ufficiale: gallone oro al cappello; calze rosso-carminio. Musicanti: abito rosso-carminio con un doppio gallone giallo-rosso, risvolti bianchi senza bottoni (Czegka).

1726: abito grigio-bianco; mostre gialle (Wrede).

1745: abito grigio-bianco; mostre rosse, veste rossa (Radics).

IR Bagni — Tessin 1672/ 8

1710-1716: Abito, mostre, fodera, veste e calzoni grigio chiaro; cravatta rossa o bianca; bordo cappello bianco; bottoni ricoperti di panno grigio scuro sull'abito e di metallo giallo (ottone) sulla veste (Imperial Austrian Army).

1711: abito bianco, calze blu; tamburo abito blu (Bibl. Cat., Libros de entrada de soldados del Hospital de sta Creu de Barcelona).

1726: abito bianco, mostre rosse (Wrede).

IR Bayreuth — Tessin 1734/ 1

1716: abito, fodera, calzoni, calze grigio chiaro; mostre e veste blu scuro; bottoni bianchi; cravatta bianca; senza bordo al cappello. Granatiere: berrettone di pelo nero, manica ricadente di panno rosso, gallonata di bianco con fiocco terminale bianco (Czega).

1718: abito, mostre, fodera, calzoni grigio chiaro; veste blu; bottoni stagno; cravatta rossa o bianca; bordo cappello bianco; ghette bianche (Imperial Austrian Army).

1726: abito bianco, mostre blu chiaro (Wrede).

IR Browne — Tessin 1689/ 1

1717: abito, fodera, veste e calzoni bianchi; mostre nere; cravatta nera o rossa; calze bianche; bottoni gialli; ghette bianche. Ufficiale *idem*, ma fodera nera, bottoni oro; coccarda nera; bordo cappello oro. Granatiere: berrettone di pelo nero senza frontiera, manica nera con galloni e fiocco gialli (Knötel).

1726: abito bianco, mostre gialle (Wrede).

IR Hessen-Kassel — Tessin 1717/ -

1717: abito bianco (abbandonando il blu tradizionale) con mostre e fodera rossa; veste bianca, calzoni di pelle; ufficiali vestiti come la truppa[23].

---

22   Per i dettagli si rinvia all'appendice II.

23   CARL VON STAMFORD, *Das Regiment Prinz Maximilian*, cit., pp. 43-46.

Tav. 24 Reggimento di fanteria Barbon (Stato di Milano).

IR Holstein (*recte* **Holstein-Beck**, poi **Diesbach**)   Tessin 1681/ 2

1710: Abito grigio-bianco; mostre, fodera, veste e calzoni blu medio; bottoni bianchi; bordo cappello bianco; cravatta rossa; calze bianche (Imperial Austrian Army).

1726: abito bianco; mostre rosse. (Wrede).

IR Königsegg   Tessin 1701/ 3

1701: abito grigio-perla; mostre, fodera, veste, calzoni e calze blu chiaro; cravatta, bordo del cappello e bottoni bianchi. Tamburo: abito blu chiaro; mostre e fodera grigio-perla; cassa del tamburo gialla con fiamme bianche e gialle rivolte verso l'alto, stemma di Königsegg, tiranti gialli. Ufficiali: abito e mostre rosso scarlatto; cravatta e calze bianche; bottoni e galloni d'oro; fodera, veste e calzoni blu chiaro; bordo del cappello dorato (Imperial Austrian Army).

1717: abito grigio-bianco, mostre rosse (Czegka).

IR Laimpruch   Tessin 1709/ 3

1714-16: abito, fodera, veste, calzoni grigio chiaro; cravatta, bordo cappello e calze bianche; bottoni ottone; mostre giallo chiaro (Czegka, Imperial Austrian Army).

1726: Abito bianco, mostre rosse (Wrede).

IR Langlet   Tessin 1709/ 4

Non sono stati reperiti dati. Probabilmente abito bianco (grigio-perla) con mostre rosse.

IR Löffelholz   Tessin 1693

1716: abito bianco (grigio-perla), fodera bianca o rossa, calze, bordo cappello bianco; mostre, cravatta, veste e calzoni rossi; bottoni ricoperti di panno rosso oppure ottone; calze rosse; cravatta bianca o rossa (Czegka, Imperial Austrian Army).

IR Carl Lothringen   Tessin 1716/ 1

1710: abito, veste e calzoni grigio-perla, mostre verdi, fodera, cravatta e calze rosse; bottoni ottone (fino ad allora l'abito era stato verde) (Imperial Austrian Army).

1717: abito grigio bianco; mostre, fodera, veste e calzoni rossi; bottoni metallo giallo; calzoni, calze e bordo cappello bianco; cravatta rossa (Czegka).

1726: abito bianco, mostre rosse (Wrede).

IR Nesselrode (poi **Seckendorf**)   Tessin 1682/11

1716: abito, mostre, fodera, bottoni (di panno), veste, calzoni, cravatta, calze e bordo del cappello bianchi (in precedenza le calze erano state blu) (Czegka). **1726**: abito bianco, mostre gialle (Wrede), bottoni ottone (ASNa).

IR O'Dwyer   Tessin 1694/ 1

1716: abito, fodera, veste e calzoni grigio perla; mostre blu chiaro; bottoni, bordo cappello e calze bianco; cravatta rossa (Czegka).

1717: «bianco/rosso» cioè abito bianco e mostre rosse (libretto manoscritto del *Kriegsarchiv*).

IR Guido Starhemberg   Tessin 1642/ 9

1710: abito grigio, veste, mostre e calzoni blu medio; bottoni di ottone; cravatta bianca, bordo del cappello e calze bianche. Musicanti: abito blu, veste, mostre e fodera grigio-perla; calze rosso vivo; cassa del tamburo decorata con fiamme blu-bianche-rosse e lo stemma del colonnello, tiranti a strisce blu, bianche e rosse (Imperial Austrian Army).

1716: abito grigio perla, mostre blu, fodera grigio perla, veste e calzoni blu, calze grigio perla, cravatta scarlatta, bottoni ottone. Ai risvolti delle maniche bottoniere bianche (Czegka, Imperial Austrian Army).

1726: mostre blu (Wrede).

IR Max Starhemberg   Tessin 1662/ 3

1710: abito e calze grigio chiaro; mostre, fodera, veste e calzoni blu; bottoni gialli disposti a due righe; bordo cappello bianco (Czegka).

1726: abito bianco, mostre blu (Wrede).

Tav. 25 Moschettiere regg.to Carl Lothringen e granatiere regg.to Guido Starhemberg.

IR Ottokar Starhemberg   Tessin 1682/15

1716: abito, mostre, fodera, veste, calzoni grigio chiaro; cravatta rossa, bordo cappello e calze bianchi; bottoni stagno (Czegka).
1726: abito bianco, mostre blu (Wrede).

IR Toldo   Tessin 1711/ 1

1711: abito, fodera e mostre grigio-perla; bottoni ottone (senza bottoni sui paramani); cravatta, bordo del cappello e calze bianchi; veste e calzoni blu medio (Imperial Austrian Army).
1712: abito, calzoni e calze bianco, veste blu (Bibl. Cat., Libros de entrada de soldados del Hospital de sta Creu de Barcelona).
1716: abito, fodera, mostre, calzoni e calze grigio-perla; veste blu chiaro, cravatta rossa, bottoni ottone; bordo al cappello giallo (Czegka).

IR Traun   Tessin 1709/ 5

1717: tutto in grigio-bianco, cravatta rossa e bottoni stagno (Czegka).

IR Virmond   Tessin 1703/ 1

1717: tutto bianco; cravatta rossa; bottoni ottone (Czegka).
Nella descrizione della partenza da Vienna nell'aprile 1719 del conte Virmond destinato ambasciatore a Costantinopoli si dice che «Caminavano [*sic*] poi à piedi 10 Musici militari in pari Vestiti rossi gallonati d'Oro, e d'Argento … frà liquali [*sic*] anco il Tamburrino [*sic*], che aveva un Tamburro [*sic*] d'ottone, & il Piffaro. Essi furono seguiti dal Capitano di Guardia … superbis-simamente vestito, dall'Alfiere … e poi dalla Guardia consistente in un Sergente, trè Caporali, e 30 Granadieri, tutti bellissimamente vestiti con la Baretta di Pellicia [*sic*] in testa con sopravi in fronte una Lamina d'Argento massiccio con intagliatavi l'Aquila Imperiale: e sopra le Tasche il nome di Sua Eccell. in Zifra d'Argento, essendo anco le loro Bayonette fornite d'Argento. Gli Uffiziali tenevano sulli Schioppi imboccate le Bayonette loro»[24] (dalla stessa descrizione appare che il rosso scarlatto era il colore delle livree dell'ambasciatore).
1726: Abito bianco, mostre rosse (Wrede).

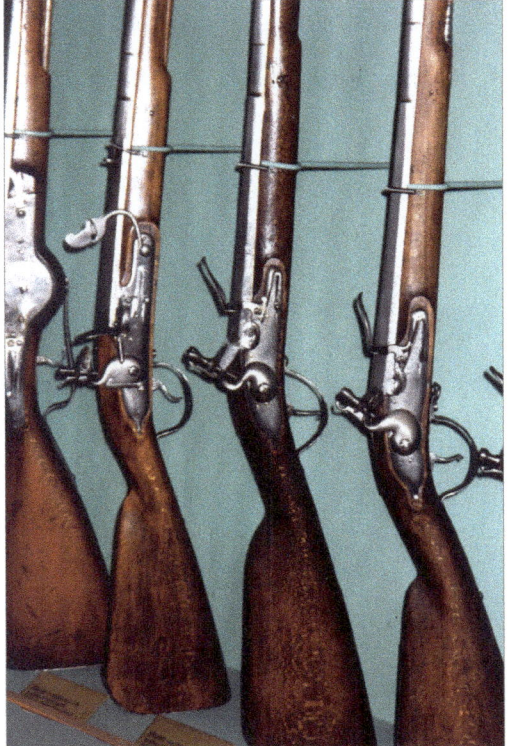

▲ *Moschetti ad avancarica usati dalla fanteria (Heeresgeschichtliches Museum*, Vienna).

Alt-Wallis   Tessin 1682/16

1716: abito e mostre grigio-perla; fodera bianca; bottoni di panno blu scuro (i paramani senza bottoni; veste, calzoni e calze blu; cravatta e bordo del cappello bianchi [cravatta rossa e bottoni di stagno] (Imperial Austrian Army). Granatieri: paramani di colore grigio-perla con tre bottoni; berrettoni di pelo con un piccolo scudo frontale in ottone e una granata in ottone al di sopra; berretta di lana blu medio con un gallone bianco e fiocco blu; borsa alla granatiera di cuoio nero con uno scudo d'ottone recante le armi del colonnello.
Un regolamento databile al 1714 o 1715 e pubblicato in riassunto nel 1936[25], conferma sostanzialmente quanto riportato sopra : gli ufficiali erano vestiti di panno blu con bottoni dorati; il cappello era bordato da un ampio gallone d'oro largo due dita. In campagna portavano ghette, altrimenti calze grigio-perla (bianche).
Da sergente in giù - esclusi furieri, scrivani, *Fourier-Schützen* e tamburi, che erano vestiti interamente in blu - gli abiti erano di panno grigio-perla con fodera blu. I cappelli dei sottufficiali e loro equiparati avevano un ampio bordo d'argento, gli altri un piccolo bordino bianco. Da caporale abbasso i cappelli avevano un bottone ricoperto di panno per distinguere la compagnia: *Leib-Compagnie* bianco, colonnello rosso, tenente

24   *Avvisi*, 29 aprile 1719 (n. 73): l'ultima frase si riferisce probabilmente ai sergenti (forse anche i caporali) poiché allora nel termine «Uffiziali» erano compresi i sottufficiali.
25   EDUARD CZEGKA, *Uniformen der kaiserlichen Infanterie unter Prinz Eugen*, in *Zeitschrift für Heereskunde*, 1936, n. 85.

Tav. 26 Ufficiale e cannoniere, Reggimento dell'Artiglieria di Napoli.

colonnello verde, maggiore blu; le undici compagnie comandate da capitani arancione, color caffè, grigio-cenere, verde-mare - bianco, blu - bianco, rosso - bianco, nero, giallo - bianco, marrone-bianco, grigio-bianco, verde-bianco; la tracolla reggi-cassa del tamburo era decorata con le armi del colonnello.

IR Wetzel (poi **Bettendorf**)   Tessin 1685/ 2

1716: abito, mostre e fodera grigio-perla; calze e cravatta bianche; bordo del cappello bianco; veste e calzoni blu medio; bottoni di «metallo rosso» (ottone), 14 sull'abito. *Fourier-Schützen*: abito blu scuro; mostre, fodera, veste e calzoni rossi; cravatta e bordo del cappello bianco; bottoni di metallo giallo; gallone giallo dorato; ghette colore pelle (ocra-giallo) chiaro.

Tamburi: c.s. con calze bianche, cravatta bianca, bordo cappello bianco; guarnizione di doppi galloni di lana giallo dorata; bottoni di stagno.

Sergenti con 22 bottoni (dorati) all'abito.

Ufficiali: abito blu, tutto il rimanente bianco, galloni e bottoni argento (Czeiga, e, Imperial Austrian Army).

1726: abito bianco, mostre gialle (Wrede).

IR Alt-Württemberg   Tessin 1715/ -

L'8 gennaio 1716 il duca di Württemberg stabilì che l'uniforme fosse:

1) per gli ufficiali, abito e veste interamente bianchi con distintivi rossi (che probabilmente vuol dire mostre e fodere rosse);

2) per sergenti, furieri, scrivani e "barbiere di campo", abito e veste rossi;

3) per caporali e truppa, abito bianco con mostre rosse, veste rossa.

Un prezziario annesso cita poi cappelli a tricorno con bordo bianco e coccarda nera, calzoni di cuoio (che si spera siano stati sostituiti in Sicilia da altri più leggeri), calze bianche, scarpe, ghette e una sorta di giubba da fatica (*kittel*): si precisano i prezzi di tre diverse qualità di sciarpe (per ufficiali superiori, capitani e subalterni) ma non si specifica come vestissero i musicanti. Per i granatieri erano previsti "berretti alti" (*hohe Mützen*), termine col quale, probabilmente, ci si riferiva a berrettoni di pelo, poiché essendo il Württemberg un paese di religione mista (cattolica e protestante), si evitava di portare berrettoni "a mitria" (che nei paesi cattolici non usavano perché considerati irrispettosi nei confronti dei vescovi) [26].

IR Zum Jungen   Tessin 1682/12

1701: abito e fodera grigio-perla; mostre, veste e calzoni rosso chiaro; cravatta rossa; bottoni di stagno; calze e bordo del cappello bianco. *Fourier-Schützen*: abiti e fodera rossi; mostre, veste e calzoni grigio chiaro; calze, cravatta e bordo del cappello bianco; bottoni di stagno. Tamburi: abito e fodera rossi; rossa; veste gialla; mostre e calzoni blu; cravatta bianca, bordi delle mostre, cuciture dell'abito e delle tasche e bottoniere di gallone bianco; bordo del cappello argento; bottoni di stagno; cassa del tamburo con cerchi superiore e inferiore a bande diagonali rosse e bianche, fusto giallo con l'insegna dell'aquila bicipite, tiranti rossi e bianchi. Ufficiali: abito rosso; mostre, fodera, veste, calzoni e calze bianche; cravatta bianca; bordo di gallone d'argento al cappello con piumaggio bianco, galloncino argento a tutte le mostre, cuciture e bordi dell'abito e della veste e alle asole (con un piccolo fiocchetto) (Imperial Austrian Army).

1726: Abito bianco, mostre rosse (Wrede).

Reggimento aiduchi

Gli aiduchi, vestivano secondo il modello balcanico con calzoni molto stretti e corto abito ornato di alamari («attila»). Caratteristico l'ampio mantello in lana naturale detto «Halina», munito in seguito di cappuccio e confezionato in panno rosso.

Nel 1733 era previsto che ogni aiduco ricevesse un un abito all'ungherese di buon panno robusto, foderato di tela, con alamari e bottoni; un paio di calzoni all'ungherese pure di panno robusto foderati di tela; un mantello per proteggersi dalla pioggia dello stesso panno foderato per metà di; un paio di calzature alla balcanica (*Zisma*), una fascia (di lana) in vita, due cravatte, un copricapo, due camicie, due paia di mutandoni all'ungherese

---

26   ALBERT PFISTER, *Denkwürdigkeiten aus der württembergischen Kriegsgeschichte, cit.*, pp. 9-11, 526.

(*Gatya*)[27], una giberna all'ungherese e una bisaccia[28].

Singolare, sia per loro che per gli ussari il modo di portare i capelli, acconciati in trecce sulla nuca e sulle tempie. I lunghi baffi venivano portati con le punte pendenti in basso o girati verso l'alto.

Gli aiduchi erano lasciati piuttosto liberi di vestirsi a proprio piacimento e probabilmente la truppa in campagna non era tutta vestita in modo regolamentare, ma ognuno degli aiduchi aggiungeva un tocco personale al suo vestiario.

Non si sa come vestissero i musicanti. Gli ufficiali vestivano come la truppa (forse in colori diversi) ma con profusione di guarnizioni in oro o argento. In più portavano sulla spalla una giubba foderata di pelliccia come gli ussari. Il loro armamento ed equipaggiamento erano uguali a quelli degli ufficiali dei granatieri. Quando gli aiduchi furono infine considerati truppe regolari, i loro ufficiali poterono portare in servizio la sciarpa gialla e nera.

Nel 1717 l'unico reggimento in servizio era quello del conte Gyulai (Tessin 1702/ 9), un battaglione del quale combatté in Sicilia. Dalla documentazione raccolta dal principe Eugenio si ricavano molti dettagli sul suo vestiario: abito corto all'ungherese («attila») di panno blu con mostre rosse, chiuso al petto da alamari gialli e olivette. Calzoni rosso scarlatto tagliati all'ungherese; mantello senza maniche di pesante panno bianco-grigiastro con mantellina ricadente sulle spalle fermato da una catenella e fermaglio d'ottone; calzature alla balcanica di cuoio scuro naturale; fascia di lana in vita rossa, con cintura di cuoio rosso da cui pendono la borsa a tasca e la sciabola. Copricapo di feltro con la frontiera e lembi laterali portati rivoltati e alzati. Equipaggiamento come i reggimenti "tedeschi", e oltre al moschetto e alla sciabola un bastone-mazza-ascia di circa 130 cm con un pomo incavato al centro di ottone.[29]

REGGIMENTI IMPERIALI DI CAVALLERIA

La ricostruzione delle uniformi dei corpi montati, rispetto a quelli a piedi, è resa difficoltosa dall'assenza di manuali per l'organizzazione e l'addestramento, frequenti per i reggimenti di fanteria: l'unico testo di questo tipo conosciuto è quello scritto dal conte Khevenhüller per il suo reggimento di dragoni[30]. Di conseguenza si può ricorrere solo alle capitolazioni di alcuni corpi, che talvolta descrivono i generi di vestiario da fornirsi ai soldati. Essendo i reparti a cavallo divisi nelle tre specialità di corazzieri, dragoni e ussari, è opportuno trattare separatamente ciascuna di esse. Un elemento comune era costituito dal ramoscello verde o dal mazzetto di paglia che si portava sul copricapo in campagna o in battaglia come la fanteria (fatta eccezione, ovviamente, per l'elmo di ferro dei corazzieri).

Corazzieri

Per lungo tempo il vestiario dei reggimenti di cavalleria fu caratterizzato dall'uso del "colletto" o "collettone" (dal tedesco *Kollet*), un giaccone di pelle giallastra portato in vece dell'abito munito talvolta di paramani nel colore distintivo. Adottato dalla cavalleria di molti eserciti agli inizi del Seicento (francesi e piemontesi lo chiamavano *beufle* o *buffalo*), il "colletto" fu mantenuto per molto tempo in uso nell'esercito imperiale, in quanto utile nelle campagne contro gli ottomani, ove la cavalleria impiegava tattiche diverse di quelle usate contro i nemici occidentali.

Verso il termine della guerra di successione spagnola il giaccone di pelle fu gradualmente sostituito dall'abito di panno, ma alcuni reggimenti lo portavano ancora anni dopo. Una descrizione dell'ingresso a Napoli il 23-24 ottobre 1718 del reggimento corazzieri *Hannover* proveniente dall'Ungheria, parla di soldati che «sotto le Corazze vanno vestiti d'Addante [*sic*]; e tutti gl'Uffiziali con lo stesso habito foderato di Velluto Cremesi, e guarnito di trine d'Oro»[31].

---

27   Nel testo originale *Schlafhosen* (calzoni da notte) usati per dormire invece degli scomodi stretti calzoni di panno.

28   *Teuber*, I, p. 69.

29   Czeigka, pp. 468-69 e *Knötel*, Band X, tav. 45 dov'è raffigurato un soldato di questo reggimento nel 1702-1707 (allora *Bagosy*) vestito in maniera identica. Nel 1726 era vestito «alla nazionale» con «attila» blu e mostre rosse (*Wrede*, I, p. 476).

30   Ludwig Andreas von Khevenhüller, *Observations-Puncten ...*, Crosnstadt [Brașov]-Wien, Sehlerschen Buch-Druckerey - Michael Heltzdörffer-Johann Krauß, 1729-1734, voll. 2.

31   *Avvisi*, 16 novembre 1718 (n. 192). Il «color di dante», dal francese *daim*, daino (detto spesso «addante» nei testi

Tav. 27 Ussari al bivacco (da una stampa dell'epoca).
(reggimenti Esterhazy e Ebergeny)

L'abito di panno di color grigio-perla era tagliato più corto e un po' più ampio di quello della fanteria per consentire libertà di movimento a cavallo; paramani e falde erano per quasi tutti i reggimenti di colore rosso, salvo pochi che le portavano blu o di altro colore.

La veste poteva essere di pelle o di panno grigio-perla (oppure nel colore distintivo del reggimento). I calzoni erano di panno, quasi sempre rossi, ma potevano anche essere di pelle giallastra da usare a cavallo. Completavano il vestiario un paio di cravatte (spesso nere, ma potevano anche essere rosse o bianche) e di camicie.

Tutti i cavalieri erano dotati di un ampio mantello con pellegrina e colletto, portato sul retro della sella, di pesante panno grigio-bianco o grigio-perla, foderato di baietta di solito rossa. Il colletto aveva una piccola mostra di panno rosso, salvo un paio di reggimenti che portavano colletti blu. A cavallo si usavano stivaloni di cuoio di Russia con suola spessa e ginocchiera rigida, tinti di nero, e guanti di pelle alla scuderia.

Il caratteristico elmo a coda d'aragosta (*Casquet*) era usato ancora sul teatro di guerra orientale contro gli ottomani; nelle marce e nelle campagne in occidente i corazzieri austriaci portavano cappelli (talvolta rinforzati all'interno da una calotta di ferro come protezione dai colpi di sciabola) con coccarda e gallone bianco o giallo.

▲ *Ufficiale dei corazzieri. Nel clima siciliano l'elmetto fu sostituito dal cappello a tricorno* (Collezione privata).

I soldati dei reggimenti di cavalleria erano distinti dalla corazza che consisteva allora in petto e schiena in ferro battuto a prova di proiettile, con cinghie e imbottitura di cuoio. La corazza era quasi sempre verniciata di nero, ma occasionalmente poteva essere di metallo lucido; talvolta era decorata da fornimenti di ottone, ma ciò non rappresentava la regola.

L'armanento era costituito da una lunga e pesante spada detta *Palasch* (da cui il termine *palosso*), con fodero e budriere di cuoio, un moschettone (detto *Carabiner*[32]) portato appeso alla sella come usavano i dragoni con una giberna da agganciare al budriere e un paio di pistole d'arcione; la giberna era nera, mentre tutti gli altri cuoiami erano di colore pelle naturale.

Anche se i colori usati erano pochi, variando il colore della veste e dei calzoni di panno e il colore e la disposizione dei bottoni si poteva dare a ogni reggimento la sua particolare uniforme. A cavallo, portandosi veste e calzoni di pelle, il principale segno distintivo era il gallone che bordava la gualdrappa e i coprifonda e gli emblemi che li ornavano (stemmi o cifre), tutti elementi caratteristici di ciascun corpo. Gualdrappa e coprifonda erano di panno rosso. È probabile che queste gualdrappe venissero usate nei servizi ordinari e nelle parate, e che nelle marce e nei combattimenti venissero usate gualdrappe più semplici, rosse o di colore scuro (come appare da numerosi squadri che illustrano scontri l'impiego della cavalleria). Sembra che i componenti della compagnia carabinieri si distinguessero solo per l'arma, una "vera" carabina a canna rigata.

I reggimenti di cavalleria avevano trombettieri e timballieri, i cui abiti erano nel colore delle mostre e ancora decorati con false maniche alle spalle (*Trompeter-Flügeln*). Essi portavano inoltre un copricapo a fez con un pennacchio, probabilmente ispirato dal bottino conquistato agli ottomani nelle lunghe guerre in Ungheria;

dell'epoca) era un giallo paglierino simile al bufalo; il termine «foderato» va inteso come riferito ad applicazioni, poiché il cuoio spesso non viene foderato.

32   Con questo termine si intendeva allora ogni "moschetto" più corto di quello in dotazione alla fanteria: solo successivamente "carabina" divenne sinonimo di arma rigata.

lentamente però venne introducendosi nell'uso il cappello a tricorno come quello portato dai soldati. Gli ufficiali decoravano gli abiti a seconda del loro grado e della disponibilità finanziaria con ricami e galloni del colore dei bottoni, piumaggio al cappello e frange dorate o argentate attorno alle gualdrappe. La sciarpa oro e nera, avvolta in vita era in servizio la distinzione degli ufficiali che non erano armati di carabine, ma solo di spada e pistole da sella.

Reggimenti di corazzieri imperiali impegnati nel conflitto
(Le indicazioni non datate si riferiscono al periodo della guerra di successione spagnola).

CR Eckh (poi Locatelli)   Tessin 1657/ 1
Abito grigio-bianco, mostre, fodera e veste rosso cupo; calzoni rossi; cravatta rossa; bottoni di metallo giallo. Gualdrappa rossa con bordo giallo e filetto esterno rosso.
Trombettiere: abito rosso cupo, galloni gialli (oro), copricapo marrone con piume bianche e rosse (Imperial Austrian Army).

CR Gronsfeld (poi Portugal)   Tessin 1682/ 1
(*Gronsfeld*): abito grigio-bianco; mostre e fodera rosse, veste rossa, calzoni di pelle; gualdrappa rossa con bordo giallo e filetto esterno rosso. Trombettieri: abito rosso con galloni bianchi; mostre verdi; cappello di feltro nero e piume rosse e bianche (Imperial Austrian Army).
1734 (*Portugal*): gualdrappa rossa bordata di gallone rosso con filetto bianco all'esterno e bianco ondulato verso l'interno; scudo del Portogallo alla gualdrappa e sulle fonde (Gudenus).

CR Hannover   Tessin 1672/ 2
Abito di pelle chiara; mostre, fodera, veste e calzoni rossi; bottoni di stagno; cravatta bianca; gualdrappa rossa bordata di gallone giallo a righe rosse nel mezzo e filetti rossi (Imperial Austrian Army).
1718: «Domenica [23 ottobre] e hieri entrò in Città [Napoli] il Reggimento di Corazzieri d'Hannover … & oltre l'essere provisto [*sic*] di buoni Cavalli, di sotto le Corazze vanno vestiti d'Addante [*sic*]; e tutti gl'Uffiziali con lo stesso habito foderato di Velluto Cremesi, e guarnito di trine d'Oro» (Avvisi, 16 novembre 1718, n. 192).

CR Lobkowitz   Tessin 1682/ 3
Abito grigio-bianco; mostre, fodera, calzoni rossi; bottoni metallo giallo; mantello bianco a mostre rosse. Trombettieri: abito blu, galloni gialli, copricapo marrone scuro con piume bianche e blu alla cima (Imperial Austrian Army).
1734: gualdrappa rossa con filetto esterno bianco e all'interno un gallone ondulato bianco filettato di giallo ai due lati (Gudenus).

CR Sulzbach (recte Pfalz-Sulzbach)   Tessin 1674/ 1
Abito grigio-bianco, mostre rosse filettate di blu; fodera celeste; veste e calzoni rossi; cravatta nera; bottoni di stagno; gualdrappa e fonde rosse con gallone celeste filettato di giallo all'esterno. Trombettieri: abito, mostre, fodera, veste e calzoni celesti; galloni dorati; copricapo marrone con gallone argento e piume celesti in punta e bianche al di sotto (Imperial Austrian Army).

CR Visconti   Tessin 1631/ 1
Abito grigio-bianco, mostre rosse, gualdrappa rossa con gallone bianco con un zig-zag blu e filetto esterno rosso (Imperial Austrian Army).

Dragoni
In linea di massima i dragoni erano vestiti come la fanteria, con le variazioni conseguenti al dover prestare servizio a cavallo. L'abito di panno era tagliato corto come quello dei corazzieri, per assicurare maggiore comodità quando indossato in sella. Come usava per i reggimenti di dragoni in quasi tutti gli eserciti europei, il suo colore variava secondo il reggimento (rosso, blu, giallo o verde) con paramani e fodera di colore distintivo; dalla spalla destra pendevano dei cordoni (non pare esistesse una regola per stabilirne il colore).
Veste e calzoni erano di panno come per la fanteria, ma si usavano anche pantaloni da cavallo in pelle (Knötel

scrive che talvolta anche la veste era di pelle, ma non vi sono conferme di ciò nei documenti o nelle immagini contemporanee) Il mantello era come quello dei corazzieri di panno grigio perla di solito con un colletto rosso. Il cappello era come quello della fanteria, di feltro nero con bordo di gallone in argento o oro falsi. I granatieri a cavallo erano anche provvisti di berrettoni di pelo d'orso, da portarsi nelle occasioni solenni (battaglie comprese): questo particolare colpì gli spagnoli, che evidentemente ancora non usavano dotare i propri reparti montati di questo copricapo, come scrisse Antonio Alós y Rius a proposito della battaglia di Francavilla: «*esta fué la primera vez que ... vimos Granaderos de Dragones con gorra*»[33].

Prestando servizio a cavallo i dragoni imperiali portavano stivali bassi, più corti e leggeri di quelli dei corazzieri, con ginocchiere flosce. Facendo servizio a piedi al posto degli stivali si portavano spesso delle ghette di cuoio, usate specialmente dai granatieri.

Il "moschetto" lungo munito di baionetta distingueva i dragoni come fanteria montata. Quest'arma si portava fissata alla sella per mezzo di una cinghia con il calcio

▲ *Dragone del reggimento* Roma, *particolare di un quadro di scuola napoletana* (cortesia del principe Carlo di Somma).

verso il basso e la canna all'indietro, mentre la baionetta era appesa al cinturone di cuoio naturale. La spada era più leggera e meno lunga di quella dei corazzieri. I dragoni avevano inoltre una giberna verniciata di nero con bandoliera di cuoio naturale come il resto dei cuoiami.

Come quelli della fanteria i granatieri portavano una piccola giberna al cinturone per le cartucce e una capace borsa a tracolla per le granate a mano, entrambe tinte di nero.

L'abito dei trombettieri era di solito nel colore delle mostre del reggimento; il copricapo era particolare, tondo con frontiera rigida, ma veniva introducendosi nell'uso il cappello a tricorno come per la truppa. Le casse dei tamburi dei dragoni erano di solito di legno, dipinte come quelle della fanteria, ma di dimensioni più ridotte. Non si conoscono immagini dei componenti della banda, che dovevano vestire come quelli di fanteria. Gli ufficiali, come quelli di fanteria, avevano vestiti confezionati con tessuti più fini con bottoni e galloni dorati o argentati, spesso in colori diversi da quelli della truppa; in servizio essi portavano la sciarpa gialla e nera e il loro armamento consisteva in spada e un paio di pistole.

Reggimenti di dragoni imperiali impegnati nel conflitto
(Le indicazioni non datate si riferiscono al periodo della guerra di successione spagnola).

DR Anspach   Tessin 1718/ 1
Abito rosso, mostre blu; calzoni di pelle; bottoni e bordo del cappello gialli; mantello rosso con mostre al colletto blu; gualdrappa e coprifonde verdi con gallone giallo (Imperial Austrian Army).

DR Tige   Tessin 1688/ 3
1718: il GdC Caraffa nel rapporto sulla battaglia di Milazzo del 15 ottobre 1718 scrisse che «essendo i dragoni spagnuoli vestiti di giallo come i dragoni imperiali ...»[34] (i dragoni *Tige* furono l'unico reggimento di cavalleria imperiale che prese parte alla battaglia).

33   Antonio Alós y Rius, *Carta, instrucciones y relación de servicios ...*, Palma, s.e., s.d., pp. 63-64. L'uso di berrettoni di pelo è confermato da quadri e incisioni contemporanee. Nelle tavole di Ottenfeld gli abiti dei dragoni non hanno i cordoni alla spalla, il "moschetto" è portato in bandoliera e i granatieri a cavallo hanno cappelli a tricorno, ma l'opera di Teuber per questo periodo non è molto affidabile: v. *Teuber*, I, tavv. 3-4.
34   *Campagne*, XVIII, p. 88.

Esistono due quadri molto dettagliati, databili tra il 1717 ed il 1720), passati in vendite d'asta a più riprese e al presente in collezioni private, che mostrano un reggimento di dragoni vestito in giallo con mostre, veste e calzoni blu. Poiché non esistevano all'epoca altri reggimenti di dragoni con abiti gialli, i dipinti devono rappresentare i soldati del reggimento *Tige* (gli ufficiali sembrano vestiti con abiti rossi).

Ussari

Gli ussari vestivano costumi di taglio nazionale ungherese, con trecce e lunghi baffi come gli aiduchi. L'«attila» e la giubba foderata di pelliccia (che spesso era soltanto pelle di pecora) portata sulla spalla erano guarniti di cordoncini e alamari, che traevano origine semplicemente dal fatto che anticamente in Ungheria non si usavano asole e gli abiti venivano chiusi con l'aiuto di passanti e di bastoncini bislunghi a forma di oliva che sostituivano i bottoni. Anche gli stretti calzoni guarniti anch'essi di cordoncini, la sciarpa portata alla vita, il berretto di panno guarnito di penne con alla base un largo bordo di pelliccia (da cui è derivato il colbacco) e i corti stivali derivavano dal costume nazionale. I vari capi di vestiario erano sempre di colori vivaci[35].

Gli ussari erano armati di sciabola ricurva, di pistole d'arcione e moschettone (detto al solito "carabina"). L'equipaggiamento consisteva in bandoliera con giberna e cinturino portato sotto la sciarpa cui venivano appese la sciabola e la tipica "sabretache" (un oggetto di cuoio a forma di tasca necessario perché il costume degli ussari non aveva tasche). Tutti i cuoiami erano in cuoio naturale salvo la giberna che era tinta in nero; la "sabretache" era solitamente ricoperta di panno e guarnita da un gallone. Il moschettone si portava attaccato alla bandoliera con calcio in basso e canna rivolta all'indietro (come per corazzieri e dragoni). Sella ed equipaggiamento del cavallo erano all'ungherese. La gualdrappa di panno terminava nella parte posteriore in un lungo e stretto triangolo, dando alla figura montata un aspetto particolare.

Trombettieri e timballieri non portavano il costume nazionale, bensì vestiti di taglio simile a quelli dei dragoni, decorati da cordoncini colorati; anche i colori erano diversi da quelli usati dalla truppa. Gli ufficiali degli ussari vestivano come la truppa, talvolta con vestiti di colori diversi riccamente guarniti di alamari e cordoncini dorati e argentati. Essi invece di una giacca di panno portavano alla spalla una pelle di lupo, pelliccia vera e propria, che per alcuni era addirittura di leopardo (è probabile che un capo tanto costoso fosse riservato alle parate e cerimonie consimili). Poiché gli ussari erano truppe regolari i loro ufficiali avevano il diritto di portare in servizio la sciarpa gialla e nera, ma non sembra che lo facessero abitualmente.

Reggimenti di ussari impegnati nel conflitto
(Le indicazioni non datate si riferiscono al periodo della guerra di successione spagnola).

HR Ebergényi   Tessin 1688/ 4

Uniforme: forse «attila» e giubba sulla spalla verdi, calzoni blu scuro, ma la certezza manca. Secondo Teuber nel 1688 l'allora reggimento *Czobor* portava «attila» gialla (di panno per gli ufficiali, di cuoio per la truppa) e sulla spalla giubba bianca foderata di pelliccia di volpe, entrambe con guarnizioni gialle (dorate per gli ufficiali); calzoni rossi e corti stivali da ussaro neri; berretto di panno rosso guarnito di pelliccia di volpe; sciarpa bianca e rossa[36].

Per altri autori la giubba portata sulle spalle era rossa o verde, i calzoni blu, la gualdrappa rossa o blu, differenze che possono spiegarsi con la scarsa uniformità del vestire degli ussari. Tutti comunque concordano sugli abiti corti di pelle giallastra, cui il reggimento doveva il soprannome di "ussari gialli".

In seguito il colonnello Janos Pállfy ab Erdöd adottò «attila», giubba alla spalla, calzoni rossi, berretto verde e sciarpa rossa, come conferma un quadro raffigurante la battaglia di Torino del 1706 (a cui il reggimento prese parte) che mostra ussari vestiti di rosso. Il nuovo colonnello Ladislaus von Ebergényi introdusse «attila» e giubba alla spalla verdi e calzoni blu scuro (non sono state reperite raffigurazioni di questa nuova uniforme)[37].

35   Il libro di modelli di un sarto raffigura un abito da ussaro e il modello dello stesso, mostrando come di fatto venissero confezionati la giacca e i calzoni: *Das Schnittmusterbuch von Salomon Erb. Livre des Chefs d'Oeuvre de la Maistrise des Tailleurs de Berne 1730*, a cura di QUIRINUS REICHEN e KAREN CHRISTIE, Bern, Bernisches Historisches Museum, 2000 (Segnalazione di Robert Hall).

36   *Teuber*, I, pp. 41-42.

37   *Imperial Austrian Army*, pp. 106-107: notare che la tavola HR01 raffigura il reggimento in uniforme gialla, sia

Uniforme: «attila» blu, giubba sulla spalla blu foderata di pelle di pecora (sporgendo la lana dà l'impressione di un bordo biancastro), alamari gialli, sciarpa gialla e rossa, calzoni rossi, "sabretache" e gualdrappa rosse con gallone giallo filettato di nero, stivali neri[38].

REGGIMENTI REALI DI FANTERIA E CAVALLERIA

Un caso a sé è rappresentato dalle truppe "reali", facenti parte degli eserciti dei territori governati da Carlo VI in quanto pretendente al trono di Spagna. In essi era rimasto in vigore il sistema spagnolo per cui la provvista del vestiario era compito dell'amministrazione e non del colonnello. Per questo motivo molti documenti relativi al vestiario delle truppe "reali" presenti in Italia si trovano negli archivi italiani e, in qualche caso, in quelli spagnoli (lo stesso vale per le truppe levate nei Paesi Bassi meridionali), materiale rimaste sconosciuto agli studiosi austriaci e tedeschi. Trattandosi di documenti inediti è parso opportuno riportare anche quelli relativi a reggimenti disciolti prima del 1717 o a quelli stanziati in Ungheria che non hanno preso parte al conflitto contro la Spagna.

Quasi sempre i capi di abbigliamento venivano confezionati nel territorio da cui dipendevano con panni e sarti del luogo, quindi il taglio degli abiti e i colori continuarono ad essere dello stesso tipo (in genere ispirati alla moda spagnola, che derivava da quella francese). Solo i reggimenti "spagnoli" rimasti in servizio dopo l'evacuazione della Catalogna nel 1713, non potendo più riceverli dal principato catalano, si procurarono i generi di vestiario in Lombardia, nel Regno di Napoli oppure negli "Stati ereditari". Questa circostanza ci consente peraltro di avere qualche volta maggiori dettagli, giacché negli archivi italiani sono stati conservati, almeno in parte, gli atti amministrativi riguardanti le spese sostenute per vestire ed equipaggiare le truppe.

Il vestiario del soldato di un esercito "reale" era simile a quello usato dall'esercito "imperiale", anche se il taglio degli effetti era diverso e quindi l'aspetto esteriore poteva variare alquanto. A ogni fante veniva distribuito, ogni due o tre anni, un abito (detto *casaca* in Spagna, *marsina* a Milano e *giamberga* a Napoli) di panno, normalmente bianco o bianco-grigiastro, foderato di saia o baietta, con rivolte (mostre) alle maniche, di solito di colore diverso dall'abito, per distinguere il reggimento, una veste (*giamberghino* a Napoli) di panno più leggero, un paio di calzoni di panno o di pelle; un paio di calze e, nelle marce, un paio di ghette di tela o di cuoio (d'estate si faceva a meno delle calze); un cappello di feltro, di solito decorato da un gallone (bianco o qualche volta giallo) attorno ai bordi.

L'equipaggiamento era simile a quello usato dall'esercito "imperiale", con qualche differenza nella composizione: per esempio le "corazze" degli eserciti "reali" erano tali solo di nome non portando la corazza (anche se in seguito i reggimenti dislocati in Ungheria la ricevettero). L'armamento invece, almeno dall'epoca dalla campagna di Sicilia era simile o dello stesso tipo di quello dei reggimenti imperiali, anche se va notato che i corpi in Italia (sia imperiali, che reali) potevano ricevere armi costruite a Brescia o nel Regno di Napoli.

Con il passare degli anni le differenze nell'aspetto esteriore (specie nell'equipaggiamento) vennero via via riducendosi.

Fanteria

I soldati della fanteria degli eserciti "reali", sia spagnoli, sia italiani, come quelli dell'esercito spagnolo borbonico da cui derivavano, erano tutti vestiti con abiti bianchi (in realtà grigio-bianco) e mostre di diversi colori, tra cui predominava il rosso, seguiti dal blu, giallo e verde. Di solito anche i pantaloni erano del colore dell'abito; le fodere in un primo tempo quasi sempre bianche, assunsero man mano il colore di "divisa" (ovvero dei paramani); anche la veste era per lo più bianca, ma talvolta anch'essa poteva essere del colore delle mostre. I berrettoni dei granatieri erano avvolti di pelliccia d'orso. I tamburi erano spesso vestiti con abiti di diverso

---

perché gli altri dati erano troppo scarsi per fare un disegno senza lavorare di fantasia, sia perché non si conosceva il quadro di cui sopra.

38   *Imperial Austrian Army*, p. 114 e tav. HR05 (i cuoiami per dimenticanza sono stati lasciati bianchi). Donath, nella tavola *Kaiserliche Husaren unter Prinz Eugen um 1709*, mostra la giubba alla spalla bordata di pelliccia bianca (in realtà era la lana che sporgendo dava l'impressione di un bordo biancastro).

Tav. 28 Reggimento di fanteria spagnola Ahumada.

colore, quasi sempre del colore delle mostre, ma talvolta di altro colore a seconda della scelta del colonnello. Dagli anni 1711 compaiono in alcuni ritratti e nelle carte abiti di colore rosso per gli ufficiali (indipendete-mente dal colore delle mostre del reggimento), probabilmente in seguito all'influenza esercitata dalla moda in voga nell'esercito imperiale.

Nel 1717 gli eserciti "reali" (escluso quello dei Paesi Bassi austriaci) contavano sei reggimenti di fanteria, quattro dei quali dislocati in Ungheria:[39]

IR Luccini (*recte* Lucini)   Tessin 1707/ 1

Reggimento di fanteria lombarda, un battaglione del quale combattè in Sicilia.

Dal quadro raffigurante l'arrivo dell'ambasciatore veneziano a Milano nel 1711 la sua uniforme appare essere stata grigio-bianca con mostre gialle; alcuni ufficiali e sottufficiali vestivano in rosso (avendo evidentemente assunto la tradizione dell'esercito imperiale che voleva che essi vestissero con abiti di colore diverso da quelli della truppa).

IR Barbon   Tessin 1715/ -

Reggimento costituito nel 1707 a Milano con soldati spagnoli che nel 1717 prese parte alla difesa della Sardegna. L'uniforme era bianca con mostre rosse.

IR Ahumada   Tessin 1710/ 3

Reggimento di fanteria spagnola del FML Juan Fernández de Ahumada y Cárdenas conte di Ahumada, costituito nel luglio 1703 a Lisbona da Juan Tomás Enriquez de Cabrera *Almirante de Castilla* (titolo meramente onorifico) che lo formò a sue spese. Nel 1713 con l'evacuazione della Catalogna fu inviato in Ungheria.

Nel 1717 era vestito in bianco con mostre rosse.

IR Alcaudete   Tessin 1711/ 5

Reggimento di fanteria spagnola comandato dal colonnello Antonio Diego Córdova Toledo de Portugal y Pacheco, conte di Alcaudete, costituito nel 1706 come reggimento della città di Saragozza e trasferito in Ungheria dopo il 1713.

Nel 1717 era vestito in bianco con mostre verdi.

IR Faber   Tessin 1711/ 7

Reggimento napoletano del colonnello Federico Faber, costituito nel 1708 a Napoli con soldati locali (e anche spagnoli) e presto trasferito in Catalogna, entrando a far parte dell'esercito spagnolo del pretendente asburgico. Dopo il 1713 fu inviato in Ungheria.

L'uniforme era bianca con mostre gialle.

IR Marulli   Tessin 1711/ 8

Reggimento napoletano del GFWM Francesco Saverio Marulli, costituito nel 1707 nei Presìdi di Toscana con soldati napoletani prigionieri di guerra o che avevano già preso servizio con le truppe del pretendente austriaco. Trasferito in Catalogna, entrò a far parte dell'esercito spagnolo del pretendente asburgico. Dopo il 1713 fu inviato in Ungheria.

L'uniforme era bianca con mostre blu. La livrea dei Marulli consiste in giustacorpo di azzurro, calzoni, calze e giubba di giallo, bottoni di argento, gallone d'oro dell'altezza di tre centimetri[40]. Pensiamo che i tamburi del reggimento abbiano adottata questa livrea, portando però i pantaloni bianchi della truppa.

Cavalleria

Negli eserciti "reali" i reggimenti di *caballos corazas* (corazzieri) erano vestiti con abiti bianchi (grigio-bianco) e mostre quasi sempre rosse, mentre i dragoni avevano abiti gialli o rossi, conservando i colori con cui si distin-guevano negli anni passati. Veste e fodere erano quasi sempre del colore delle mostre, mentre i calzoni erano del colore dell'abito. In origine la cavalleria non portava la corazza come gli imperiali, ma solo l'abito e, talvolta, il giubbone di pelle dura detto "colletto" o "coleto", ma i reggimenti mandati in Ungheria la ricevettero. Inoltre cavalieri e dragoni non portavano carabina o moschetto attaccati alla sella, ma appesi a una seconda bandoliera di cuoio naturale. Cappello a tricorno per i corazzieri e i dragoni, salvo i granatieri che portavano

---

39   I dati sulle uniformi sono stati ricavati dai documenti pubblicati nell'appendice III.
40   Sito Internet "La Nobiltà Napoletana"

un berrettone alto avvolto di pelliccia.

I musicanti erano di solito vestiti con abiti di diverso colore, quasi sempre del colore delle mostre, ma talvolta di altro colore a seconda della scelta del colonnello. Seguendo la tradizione spagnola gli ufficiali portavano abiti del colore di quelli della truppa, ma a partire dal 1708 vi sono riferimenti a ufficiali del reggimenti dragoni *Hamilton* in abiti scarlatti, probabilmente in seguito all'influenza esercitata dalla moda in voga nell'esercito imperiale.

Nel 1717 i reggimenti a cavallo degli eserciti "reali" erano sei (esclusi quelli dei Paesi Bassi austriaci), tre dei quali dislocati in Ungheria[41]:

CR Carreras   Tessin 1714/ 1

Reggimento di cavalleria spagnola di stanza in Sardegna.

Nel 1714 fu ordinato di confezionare per i «Soldati a cavallo» da inviarsi in Sardegna trecento vestiti consistenti in abito, veste e calzoni «di panno color cenerino», fodere bianche e bottoni d'ottone (il documento non accenna al colore delle mostre, presumibilmente bianche)[42].

CR Morras   Tessin 1708/ 5

Reggimento di cavalleria spagnola del colonnello Pedro Morras, costituito nel 1706 e trasferito in Ungheria nel 1713. Uniforme consistente in abito grigio-bianco, mostre e fodera rosso; bottoni di metallo giallo: cappello con bordo giallo; mantello grigio-bianco; corazza (in Ungheria) annerita con guarnizioni rosse; gualdrappa e coprifonde di panno rosso, con bordo di gallone giallo (Knötel).

CR Cordova   Tessin 1708/ 4

Reggimento di cavalleria spagnola del FML Gaspar Fernández de Córdova y Alagon, conde di Cordova de Comares, costituito nel 1706 e trasferito in Ungheria nel 1713.
Uniforme simile al reggimento Morras (Knötel).

DR Galbes   Tessin 1708/ 3

Reggimento di dragoni spagnolo del FML Emanuel Maria José Mendoza de Silva y de la Cerda, conte di Galbes, costituito nel 1705-1706 come *Dragones Reales*. Nel 1713, evacuata la Catalogna, prese nome dal suo colonnello e fu trasferito in Ungheria.

L'uniforme consisteva in abito con mostre e fodera di color rosso (Knötel mostra i paramani con bordo e bottoniere gialle), bottoni di metallo giallo, cordoni alla spalla gialli, veste e calzoni color pelle naturale; bordo giallo al cappello; mantello rosso; gualdrappa e coprifonde di panno rosso con bordo di gallone giallo. Tamburi: abiti gialli con mostre rosse, cuciture dell'abito e bordo dei paramani decorati da gallone argento filattato di rosso; fiocchi alle spalle rossi; berrettone giallo con "frontiera" gialla con emblema di metallo bianco e bordo rosso; cassa del tamburo gialla e cerchi rossi. Ufficiali: abito rosso, bottoni e galloni dorati, cordoni argento; cappello a tricorno con bordo di gallone dorato e piumaggio rosso (Knötel).

DR Hamilton (poi **Walmerode**)   Tessin 1711/ 1

Reggimento di dragoni lombardi, mandato nel 1717 in Sardegna dopo lo sbarco spagnolo nell'isola.

L'uniforme era costituita da un abito giallo con mostre rosse, veste e calzoni gialli. Nella *Relazione Distinta* dell'ingresso fatto in Milano l'11 giugno 1708 da Elisabetta Cristina di Braunschweig (consorte di Carlo VI) sono menzionati «*Tutti gli Ufficiali del Reggimento Dragoni d'Amilton [sic] uniformemente vestiti di scarlato [sic], con galoni [sic] et riccami [sic], altri d'oro et altri d'argento ....*».[43]

DR Roma   Tessin 1713/ 2

Reggimento di dragoni napoletani che combatté in Sicilia.

Per tutto il periodo della sua esistenza l'uniforme fu constituita da abito rosso con mostre blu e bottoni di

---

41   L'uniforme dei te reggimenti "spagnoli" dislocati in Ungheria è raffigurata in *Knötel, Band* VIII, tav. 56 e che trova conferma in alcuni appunti presi a suo tempo dalla tesi inedita di WALTER NEMETZ, *Der Übertritt spanischer Truppen ins Heer Karl VI* (1947) conservata nella biblioteca del *Kriegsarchiv* di Vienna.

42   ASNa, *Excerpta*, Fs. 346 (v. Appendice III).

43   GIOVANNI LIVI, *Il viaggio della regina: Elisabetta Cristina di Brunswick da Vienna a Barcellona (1708)*, in *Annuario dell'Archivio di Stato di Milano*, 2014, Milano, Scalpendi Editore, 2014, pp. 71-92 (in particolare p. 83).

Tav. 29 Reggimento di fanteria spagnola Alcaudete.

ottone. Una lettera da Napoli del 21 luglio 1711, quando il comando interinale del reggimento era preposto il principe Luigi Pio di Savoia riferisce che questi «tiene sempre in casa musici et ha sei obuè del reggimento in propria casa et altri. Ha il più bello et megli [*sic*] reggimento che stia in Napoli: tutti uomini agguerriti di mezza età vestiti di panno rosso con mostre turchine: per ora il reggimento è tutto a piedi, ma fra un mese o due saranno tutti a cavallo».[44] L'uniforme rossa con mostre turchine è confermata da un quadro contemporaneo ambientato nell'entroterra di Napoli, che raffigura un dragone del reggimento *Roma* visto di spalle.

GENERALI E STATO MAGGIORE

Nell'esercito imperiale, fino al 1751, non era in vigore alcun regolamento per il vestiario degli ufficiali generali, per cui rimaneva a scelta del singolo personaggio l'abbigliamento che avrebbe indossato. Un abito civile, riccamente decorato di galloni d'argento o d'oro era la prassi. Comunemente tali abiti erano di un colore bruno-rossiccio o rosso vivo con galloni e alamari dorati (o anche argento). Il Principe Eugenio di Savoia, nei suoi numerosi ritratti, è spesso raffigurato in questa tenuta e altri generali dell'epoca sono rappresentati in questo stesso modo. Quest'uso era tanto diffuso che uno dei prigionieri fatti dagli spagnoli a Siamanna giustificò il suo grado di generale con il fatto di indossare un abito rosso. Dalla guerra di successione spagnola era divenuto abituale per molti generali dell'esercito imperiale portare l'uniforme del reggimento del quale erano titolari, sia pure arricchita da ricami e galloni d'oro o d'argento. Inoltre molti ufficiali superiori e generali portavano nelle azioni armate la corazza al di sotto dell'abito, mentre l'armatura completa era caduta in disuso da molti anni (I ritratti del tempo che mostrano generali in armatura vogliono solo evidenziare che il soggetto raffigurato è un militare). Negli anni intorno al 1720 i generali iniziarono a portare anche un abito di panno bianco-argentino (una versione più raffinata di quello grigio-perla della truppa) con mostre rosse, tenuta che in seguito diverrà quella prescritta per questa classe di ufficiali; i calzoni erano di solito σ di panno rosso o di pelle (in campagna i generali indossavano quasi sempre calzoni di pelle con ampi stivaloni alla scudiera). Come tutti gli ufficiali i generali portavano il bastone proprio del loro grado (quelli del *Feldmarschall-Lieutenant* e del *Feldzeugmeister* erano dorati)[45] e, in servizio, sciarpe di seta dorata e nera con frange e fiocchi d'oro. I marescialli e i comandanti in capo di un esercito erano poi caratterizzati dal bastone di comando, come usavano i Marescialli di Francia[46]. Le gualdrappe e coprifonde dei cavalli che montavano erano rosso cremisi o nel loro colore di livrea, sempre con ricchi ricami d'oro e spesso decorati con lo stemma imperiale o le cifre di Carlo VI.

Neppure per gli ufficiali che formavano lo stato maggiore dei generali esistevano disposizioni di sorta ed essi erano lasciati liberi di vestirsi a loro piacimento; facevano eccezione gli ufficiali aggregati a qualche reggimento che erano invece tenuti a vestirsi come gli ufficiali della propria unità.[47]

ARTIGLIERIA E INGEGNERI

Come in tutti gli eserciti del tempo, anche in quelli della monarchia asburgica occorre distinguere il vestiario dei cannonieri assegnati alle varie fortificazioni da quello dei componenti le compagnie di artiglieria da campagna sorte a imitazione del reggimento *Royal-Artillerie* francese, costituito nel 1670. I primi non erano sottoposti a una disciplina molto stretta e riguardo il vestiario godevano di ampia libertà, mentre quello dei secondi era fornito a cura dell'amministrazione militare. Questo è il motivo delle tante contraddizioni che si riscontrano negli autori del passato che, trascurando tale distinzione, hanno cercato di stabilire le uniformi dell'artiglieria desumendole da quadri ed elenchi di capi di vestiario.

Non sembra siano esistite norme stringenti sul vestiario dell'artiglieria imperiale fino all'*Adjustierungsnorm* del 1720 citata da Wrede (la cui reale esistenza rimane però dubbia). I cannonieri portavano perciò in servizio

---

44   PIER GIOVANNI BARONI, *Missione diplomatica presso la Repubblica di Venezia (1732-1743): Luigi Pio di Savoia, ambasciatore d'Austria*, Ponte Nuovo Edizioni; 1973, p. 22.
45   *Exercitium...*, *cit.*, p. 51.
46   Lo portavano anche i viceré dei domini già degli Asburgo spagnoli, come segno della loro carica di comandante in capo dell'esercito.
47   I minuziosi regolamenti sul vestiario che saranno adottati dall'esercito austriaco, verranno redatti solo a partire dall'ultimo quarto del secolo XVIII.

COLORI DISTINTIVI DEI REGGIMENTI PRESENTI IN ITALIA NEL 1717-1720

Reggimento	Abito	Mostre
Fanteria		
Anspach	bianco	rosso
Baden-Durlach	bianco	rosso carminio
Bagni	bianco	bianco
Barbon	bianco	rosso
Bayreuth	bianco	blu
Browne	bianco	nero
Gyulai	blu	rosso
Hessen-Kassel	bianco	rosso
Holstein (*recte* Holstein-Beck, poi Diesbach)	bianco	blu medio
Königsegg	bianco	rosso
Laimpruch	bianco	bianco (probabile)
Langlet	bianco	(mancano dati)
Löffelholz	bianco	rosso
Carl Lothringen	bianco	verde
Luccini (*recte* Lucini)	bianco	giallo
Nesselrode (poi Seckendorf)	bianco	bianco
O'Dwyer	bianco	blu chiaro
Guido Starhemberg	bianco	blu chiaro
Max Starhemberg	bianco	blu
Ottokar Starhemberg	bianco	bianco
Toldo	bianco	bianco
Traun	bianco	bianco
Virmond	bianco	bianco
Alt-Wallis	bianco	bianco
Wetzel (poi Bettendorf)	bianco	bianco
Alt-Württemberg	bianco	rosso
Zum Jungen	bianco	rosso chiaro
Cavalleria (Corazzieri)		
Carreras	bianco	bianco
Eckh (poi Locatelli)	bianco	rosso
Gronsfeld (poi Portugal)	bianco	rosso
Hannover	bianco	rosso
Lobkowitz	bianco	rosso
Sulzbach (*recte* Pfalz-Sulzbach)	bianco	rosso
Visconti	bianco	rosso
Dragoni		
Anspach	rosso	blu
Hamilton (poi Walmerode)	giallo	rosso
Roma	rosso	blu
Tige	giallo	blu
Ussari		
Ebergényi	verde (probabile)	verde (probabile)
Esterházy	blu	blu

abiti di taglio civile, per lo più confezionati con panno di lana naturale (grigio) dalla tonalità scura, un colore assai adatto per un lavoro che non si poteva certo considerare pulito[48].

Wrede scrive che nel 1720 furono prescritti paramani rossi e bottoni d'ottone, probabilmente già in uso da tempo, essendo comuni nelle artiglierie di quasi tutta Europa. In campagna erano spesso usati calzoni di pelle. Il copricapo era il normale cappello a tricorno, di solito munito di un bordo di gallone giallo. Knötel scrive

---

48   Il grigio-perla della fanteria sarebbe stato troppo soggetto a sporcarsi: l'idea secondo cui gli artiglieri imperiali in questo periodo portavano abiti grigio-perla deriva da ANTON DOLLECZEK, *Geschichte der österreichischen Artillerie*, cit., p. 225, che definisce *perlgrau* un abito che invece appare essere grigio-scuro (vedi in questo tomo la riproduzione del ritratto citato da Dolleczek). L'uso errato di questi termini ha tratto in inganno molti autori (v. *Teuber*, tav. 8) ma non il grande Richard Knötel (*Knötel, Band* X, tav. 45).

Tav. 30 Moschettieri reggimenti Traun e Nesselrode (poi Seckendorf).

che una caratteristica del corpo di artiglieria da campagna era l'uso del berretto in pelliccia di volpe tipico del costume boemo, che probabilmente veniva portato solo in climi freddi: si può dare per scontato che i componenti del corpo mandati in Sicilia portassero un copricapo che tenesse meno caldo.

I cannonieri erano armati di spada portata appesa al cinturone, cui era attaccato anche lo "stuccio" con gli arnesi del mestiere; quelli incaricati della funzione di capo-pezzo avevano un "buttafuoco" (*Lunten-Stock*), una lunga asta per accendere la miccia (in questo modo la miccia accesa non veniva a trovarsi facilmente in vicinanza dei barili di polvere aperti).

Gli ufficiali portavano abiti di tessuto fine più o meno riccamente decorati con galloni e ricami dorati: tali abiti erano solitamente grigi, ma sembra che gli ufficiali superiori li preferissero rossi. In servizio essi avevano *partisanen* con lama di forma particolare e spesso anche una corazza, ma solo quelli in possesso di un grado nelle truppe potevano portare la sciarpa gialla e nera.

Le artiglierie degli eserciti "reali" erano composte da cannonieri serventi quasi unicamente nelle piazze e fortezze, considerati come artigiani, ma vestiti a spese pubbliche. Nel 1715 fu stabilito a Napoli «che alli caporali e artiglieri comuni, esclusi li scolari, se li dia ogni 2 anni uno vestito consistente in sciamberga, sciamberghino ed uno paro di calzoni per ciascuno ....»[49]. Negli archivi sono conservate varie ricevute di generi di abbigliamento consegnati, ma sempre senza indicazione dei colori; è assai probabile che essi fossero analoghi a quelli portati dagli artiglieri imperiali, tanto più che l'abito grigio con mostre rosse era usato dalle artiglierie di molti stati della penisola italiana. Peraltro i cannonieri chiamati a prestare servizio attivo (come i distaccamenti di artiglieri napoletani mandati in Ungheria) erano soggetti alla disciplina militare e venivano vestiti a cura dell'amministrazione con abiti del genere sopra sopra descritto.

Da diversi quadri appare che gli affusti non erano dipinti, ma poiché si usava dare alle parti di legno varie misture di vernice per impedirne l'essiccamento, queste tendevano ad assumere un colore scuro; i pezzi erano in bronzo e recavano impressa l'aquila imperiale o altri stemmi araldici. I modelli contemporanei del Museo di Palazzo Poggi di Bologna mostrano come si presentavano i pezzi dell'artiglieria austriaca: l'insieme ricordava i colori imperiali (giallo e nero), ma era un effetto casuale[50].

Ingegneri militari e minatori facevano parte dell'artiglieria e neppure per essi vi erano disposizioni particolari sul vestiario: tuttavia gli ingegneri in possesso di un brevetto da ufficiale (quasi tutti) portavano l'uniforme del reggimento cui appartenevano e la sciarpa giallo-nera.

MILIZIE

Le varie milizie esistenti negli stati e territori della composita monarchia asburgica quando erano chiamate in servizio continuavano a vestire i propri abiti, distinguendosi come soldati solo per le armi, le coccarde e qualche altro segno particolare. Le milizie asburgiche usavano guarnire i cappelli con ramoscelli verdi, menzionati dalla citata *Relazione* dell'ingresso in Milano di Elisabetta Cristina di Braunschweig citando «la Milizia Urbana, tutti con Gale, e Verdi allori, con gran lusso de' Cavalieri, & Ufficiali, ch'anno spiegati superbi Abiti, e numerose Livree». In più gli ufficiali portavano la sciarpa (cui avevano diritto facendo temporaneamente parte delle truppe) e le armi ad asta proprie del loro grado.

A volte armi ed equipaggiamenti portavano fregi particolari, come le bandoliere della milizia urbana di Milano, come scrivono gli *Avvisi* del 1720 a proposito dei provvedimenti presi per impedire il diffondersi del «contagio di Marsiglia»: «sonosi preparate le Armi per i Soldati della Milizia Urbana, con suo Armacollo, ò sia Pendone, segnato con lo Stemma di questa Città, il tutto nuovo, à spesa di questo Publico [*sic*]»[51].

GUARDIE

L'uso di sontuose livree uniformi per i reparti di guardia era molto antico, ma i documenti in proposito sono

49   *Ordini regi*, SOCIETÀ NAPOLETANA DI STORIA PATRIA, *cit.*, n, 89.
50   ANTON DOLLECZEK, *Geschichte der österreichischen Artillerie*, *cit.*, pp. 224-225; *Campagne*, I, pp. 227-228; *Teuber*, I, pp. 72-73; *Knötel, Band* X, tav. 45; Wrede, V, p. 66; *Imperial Austrian Army*, pp. 239-240 (per un *lapsus* si scrive che «i cannoni erano dipinti nella livrea imperiale: affusto in giallo e canna in nero» e si attribuisce a Knötel quanto scrive Teuber); RENATO GIANNI RIDELLA, *La collezione di modelli e dipinti, cit.*, *passim.*
51   *Avvisi*, 9 novembre 1720 (n. 188).

rari. Talvolta sono menzionati solo i colori principali, come nel caso delle guardie a cavallo milanesi, il cui colonnello, conte Cavazzi della Somaglia, ottenne nel dicembre 1714 di poter fare il vestiario del suo reggimento «*de paño claro con las muestras ... roxas*».[52]

Un'eccezione è costituita dagli alabardieri al servizio del viceré di Napoli, per i quali si dispone di una documentazione relativamente abbondante. Il reparto mantenne sempre il vestito "alla tedesca" derivato dal costume dei lanzichenecchi che in origine lo formavano.

I Viceré che si succedevano a Na-

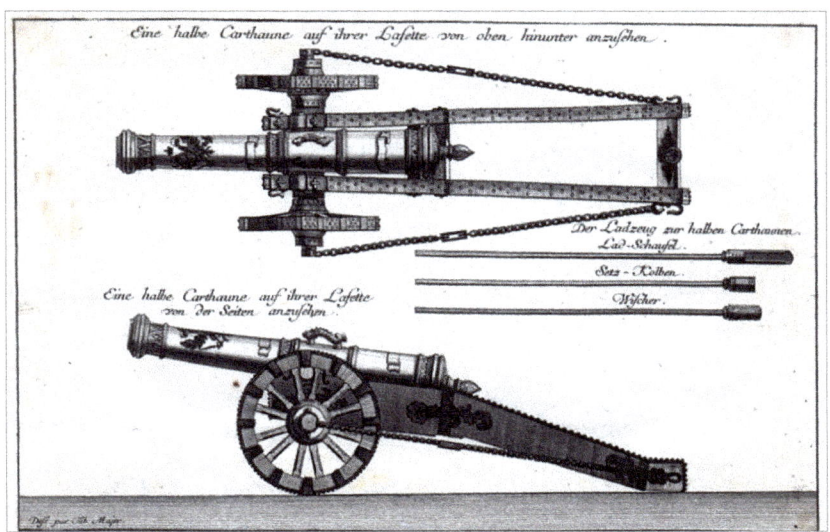

▲ *Cannone austriaco da campagna* (*Württemberg Landesbibliotek*, Collezione Nicolai, Stoccarda).

poli lo lasciavano sostanzialmente immutato, limitandosi - per lo meno nella seconda metà del Seicento - ad invertire talvolta la prevalenza di uno dei due colori fondamentali, il giallo ed il cremisi, che caratterizzavano quella livrea (il giallo era da tempo un colore preferito per le livree dei corpi di guardia di palazzo in Spagna. Non erano rare le richieste straordinarie di nuovo vestiario per questa guardia che venivano avanzate dagli stessi viceré, come si legge nelle molteplici consulte della Sommaria che si occupano del cattivo stato dei suoi abiti, ridotti talvolta all'indecenza. Ma si rispondeva sempre obiettando che a detta guardia spettava il nuovo vestiario come da ordini reali e cioè solo in occasione dell'arrivo a Napoli di un nuovo viceré od in caso di nascite reali, caso dunque abbastanza raro. Lo conferma un completo preventivo di spesa del ramo militare del tempo del viceré marchese de Los Velez (1675-1683) nel quale è scritto che «*nell'entrata d'ogni nuovo signor Viceré*» si dava il nuovo vestiario alla guardia alemanna.

La tenuta da cerimonia di questa comprendeva consisteva in giubbetto senza maniche da cui fuoriuscivano le maniche a sbuffo della casacca, calzoni a sbuffo, calze colorate, cappello piccolo tondo arricchito di piume colorate. In tenuta giornaliera avevano invece un cappello di feltro come quella della fanteria spagnola ed indossavano spesso un mantello rosso. Non sempre il rinnovo del vestiario implicava delle variazioni: per esempio i 76 vestiti confezionati nel 1698 furono semplicemente conformi a quanto si era prescritto nel partito precedente del 1696, partito aggiudicato allo stesso Agostino de Fazio. All'offerta del 27 settembre 1720 segue nell'incartamento un elenco dei vari materiali necessari, che insieme a una ricevuta del 1723 del «munizioniere» permette di conoscere diversi di particolari della livrea degli alabardieri alemanni[53].

Completano queste informazioni fornendo un'immagine dell'aspetto degli alabardieri diverse stampe del Seicento, alcuni quadri del Vanvitelli degli inizi del Settecento e soprattutto un quadro conservato a Schloss Rorau vicino a Vienna (proprietà della famiglia Harrach) che mostra la compagnia degli alabardieri in tutte le sue tenute all'inizio degli anni 1730, praticamente invariate da decenni.

Dello stesso periodo è un documento che descrive il vestiario degli alabardieri del viceré di Sicilia, probabilmente introdotto al momento del passaggio dell'isola sotto il governo di Carlo VI. Essi erano vestiti con abito blu con mostre e fodera gialle, veste gialla, bottoni e galloni argento; cappello nero con bordo d'argento. Non si specifica il colore dei calzoni, ma dovevano essere blu; le calze di filo giallo. Disponevano anche di una cappa (mantella) di panno blu[54].

52   ASMi, Registri delle Cancellerie dello Stato, XXXVIII–8.
53   ASNa., *Excerpta*, Fs. 346; *id.*, Sommaria Consulte, Fs. 97; *id.*, Truppe Cesaree, Fs. 1.
54   ASNa, Carte Montemar Fs. 82 (v. Appendice III).

MARINA

Nella prima metà del Settecento le marine europee cominciarono a emanare le prime sommarie disposizioni per l'uniforme degli ufficiali (l'ultima fu la *Royal Navy* nel 1751), ma non si conosce nulla di simile a proposito della marina napoletana. Per i marinai non era prevista alcuna uniforme, mentre in tutte le marine del Mediterraneo i forzati delle galee ricevevano un vestiario già da molto tempo; all'inizio del secolo a Napoli esso era costituito da camicia e calzoni di tela, scarpe, calze per l'inverno, berretto di lana e un corpetto di colore blu o turchino. Anche i mozzi ricevevano capi di vestiario, essendo documentati «berrettoni» e corpetti rossi (nel 1702 i mozzi «di poppa» li ebbero turchini). Con l'avvento del nuovo sovrano (Carlo VI come re di Napoli) si continuarono a distribuire berretti e corpetti rossi (1.400 nell'ottobre 1714) o blu (800 nella stessa occasione) e camicie e calzoni di tela bianca e ancora gli stessi generi nel 1719[55].

La fanteria di marina rimase articolata in compagnie indipendenti: ogni legno, nave o galera che fosse, aveva la propria «compagnia di dotazione», ciascuna con uniforme diversa dalle altre.

Per esempio nel 1707 si davano ai fanti imbarcati sul vascello *Generale Daun* (dal nome dell'allora viceré) 20 giamberghe di panno rosso con fodere, giamberghini e calzoni di colore giallo e bottoni di ottone; la stessa tenuta fu data ai fanti nella nave *S. Giuseppe*, ma con bottoni di stagno (probabilmente era il vestiario del vecchio *Tercio fixo* riutilizzato dal nuovo governo). Nel 1711 i soldati delle navi *S. Giuseppe* e *S. Giorgio* venivano invece vestiti di panno grigio-bianco per il primo e di bianco per il secondo con bottoni coperti dello stesso panno, fodere bianche e mostre rosse. Nel 1714 ai soldati imbarcati sulle galee si distribuivano abiti bianchi con fodere bianche e mostre e calze rosse o verdi (come quelli dei reggimenti *Borda* e *Ibarra*, formati a Napoli nel dicembre 1707 con i soldati dei reggimenti spagnoli originati dall'antico *Tercio fixo de Nápoles* passati al servizio dell'arciduca Carlo)[56].

Successivamente difficoltà di reclutamento e diffidenza verso i locali portarono alla sostituzione delle «compagnie di dotazione» col *Reggimento della marina*, previsto dal *Real Reglamento* del 1715 e che nel 1718 incorporò gran parte del reggimento *Barbon* costituito da spagnoli. Il vestiario del reggimento consisteva in abito di panno bianco-grigio, foderato di bianco, con mostre alle maniche e veste di panno rosso, bottoni di ottone[57].

BANDIERE E STENDARDI

Fino all'epoca di Maria Teresa ogni compagnia di moschettieri aveva la propria bandiera, mentre quelle di granatieri ne erano prive (quella della *Leib-Compagnie* era detta *Leib-Fahne*, in italiano "bandiera colonnella"). Nei corpi montati ogni compagnia aveva uno stendardo, escluse quelle di carabinieri e granatieri a cavallo (quello della *Leib-Compagnie* era detto *Leib-Standart*): solo quelli dei reggimenti di corazzieri erano veri stendardi di forma quadrata, mentre dragoni e ussari avevano cornette a coda di rondine, non facendosi allora distinzione fra questi due tipi diversi di insegna[58].

Esistono ancora molte insegne di questo periodo: l'incredibile collezione di cimeli dell'*Heeresgestichtliche Museum* di Vienna ne conserva molte, anche se in gran parte non identificate; altre ancora sono conservate nel territori dell'ex-impero in castelli, chiese, palazzi pubblici e dimore private. Una parte non trascurabile di questi oggetti è stata o pubblicata o fotografata, ed è spesso disponibile ad un ricercatore attento[59].

Sull'argomento esiste una documentazione iconografica relativamente ricca, soprattutto per i periodi delle guerre della Lega di Augusta e di successione spagnola e austriaca, durante i quali furono compilate alcune raccolte di disegni delle bandiere catturate dagli avversari e poi esposte come trofei nelle cattedrali a dimostrazione del valore di chi le aveva conquistati e della disfatta subita dal nemico. In particolare le raccolte de *Les Triomphes de Louis le Grand, 14e de son nom*, manoscritti con tavole a colori rappresentanti appunto le bandiere e stendardi catturate agli imperiali durante queste guerre, conservate alla *Bibliothèque Nationale* (*Cabinet des Estampes*) a Parigi, ampiamente utilizzate nei lavori sull'argomento (spesso uno copia dell'altro, ma con

55   ASNa., *Excerpta*, Fs. 346 e Giunta Arsenale, Fs. 89.
56   ASNa, Giunta Arsenale, Fs. 83.
57   V. i contratti e le ricevute di generi di vestiario riportate nell'appendice III.
58   *Haussman*, pp. 131-132; *Imperial Austrian Army*, pp. 28, 73, 104, 132-133.
59   Un elenco delle bandiere e stendardi dell'epoca di Carlo VI conservati dell'*Heeresgestichtliche Museum* in *Haussman*, pagg. 131 n. 7 e 132 n. 9. Robert Hall ne fotografato e ridisegnato parecchie insegne ancora esistenti, che ha poi in parte inserito come illustrazioni in *Imperial Austrian Army*.

variazioni e aggiunte; talvolta il *recto* viene confuso con il *verso*). Anche la raccolta *Les Triomphes du roy Louis XV de son nom*, per quanto riguardi trofei del periodo dal 1733 al 1763, può essere utile poiché vi si raffigurano alcune bandiere dell'ultimo periodo del regno di Carlo VI.

Altre rappresentazioni di bandiere e stendardi compaiono in quadri o stampe raffiguranti battaglie, sfilate, processioni e così via. Purtroppo a tanta ricchezza di immagini e di oggetti non corrisponde altrettanta copia di disposizioni scritte, che anzi sono assai rare. Peraltro sono stati pubblicati sul tema alcuni studi ben documentati, quali quelli di Haussman, Mell e Sorando Muzás[60].

Le bandiere della fanteria

Il drappo era di tessuto forte di seta e misurava circa 2 m, x 1,50 m. con emblemi applicati e imprese ricamate. Gli emblemi erano ritagliati da una pezza doppia di seta e cuciti su un fondo di panno nero: in questo modo essi apparivano sempre nel verso giusto. Il drappo era avvolto attorno ad un'asta di legno, con rinforzi di bande di tessuto e fermato da tre serie di circa 25 chiodi ciascuna. Il puntale era dorato con incisi su una faccia l'aquila bicipite con cifre e corona imperiali e sull'altra lo stemma del colonnello.

Le bandiere "ordinarie" erano di vari colori (giallo, verde, rosso, blu oppure a bande); il bordo esterno del drappo era sovente costituito da una fascia, di 20-30 cm., a fiamme di più colori disposte a triangolo una accanto all'altra o a bande diagonali o ancora a scacchi. La scelta dei colori era lasciata al colonnello (spesso erano quelli del suo stemma) come quello delle iscrizioni ricamate sul drappo. Alcuni reggimenti avevano bandiere di diversi colori, per motivi che si ignorano (esse non potevano servire a indicare i battaglioni, perché le compagnie loro assegnate variavano frequentemente).

Le bandiere "ordinarie" portavano su entrambi i lati l'aquila bicipite con le armi imperiali sul petto e le iniziali del sovrano (nella specie *C. VI* per *Carolus VI*) e intorno il collare dell'ordine del Toson d'oro, un emblema spagnolo aggiunto alle bandiere con l'ascesa al soglio imperiale di Carlo VI (anche se dagli esemplari sopravvissuti non appare che la regola sia stata uniformemente applicata). Durante il regno di questo sovrano (e quello di Leopoldo I) l'aquila era posta di fronte, mentre con Giuseppe I essa era raffigurata di lato e in volo verso l'alto. Il becco e gli artigli, e gli altri oggetti, quali lo scettro, la corona, il globo e l'impugnatura della spade erano in oro, la lama della spada in argento.

La *Leib-Fahne* era sempre di colore bianco portando sul *recto* (il lato più importante) l'immagine della Madonna, raffigurata sia secondo l'iconografia tradizionale (col Santo Bambino in braccio) oppure come Immacolata Concezione (ritta sul globo terrestre con un serpente sotto i piedi e una corona di dodici stelle, la *Mulier amicta sole* del capitolo 12 del libro dell'Apocalisse); il *verso* portava invece l'aquila imperiale o un'immagine speculare di quella sul *recto* (alcune *Leib-Fahnen* hanno l'immagine della Madonna in petto all'aquila).

Non esistendo un modello comune le varianti erano innumerevoli. Per alcuni reggimenti il campo delle bandiere "ordinarie" era attraversato da bande orizzontali di diverso colore, talvolta ondeggianti, talvolta a forma di fiamma, un disegno tipico di molti reggimenti "alemanni" in servizio negli eserciti non solo asburgici, ma anche di mezza Europa. Nel Seicento non erano rare le bandiere imperiali che portassero anche la croce di Borgogna, rossa in campo bianco[61]: in seguito essa scomparve mentre rimase sulle bandiere del ramo spagnolo degli Asburgo (e poi di Filippo V), divenendo un simbolo tipicamente spagnolo. Come pretendente asburgico al trono spagnolo l'arciduca Carlo la pose sulle bandiere dei propri reggimenti "reali" e comparve in seguito, qualche volta, anche nelle bandiere imperiali.

Nelle bandiere degli aiduchi lo scudo in petto all'aquila raffigurava le armi ungheresi, ma la corona che la fregiava era quella imperiale. Naturalmente i reggimenti "capitolati" avevano bandiere proprie, con insegne

60   Friedrich Haussman, *Die Feldzeichen der Truppen Maria Theresias*, in *Maria Theresia. Beiträge zur Geschichte der Heerwesen iher Zeit* (Schriften des Heeresgeschichtlichen Museums in Wien 3), Graz-Wien-Köln, Hermann Böhlaus Nachf., 1967, pp. 129-174; Alfred Mell, *Fahnen aus der Zeit des Prinzen Eugen von Savoyen*. in *Zeitschrift für Heereskunde*, 1932, n. 43; id., *Weitere Quellen zur Geschichte des Feldzeichens der Kaiserlichen Armee*, in *"Zeitschrift für Heereskunde*, 1934, n. 61; id., *Die Fahnen des österreichischen Soldaten im Wandel der Zeiten*, Wien, Bergland Verlag, 1962; Luis Sorando Muzás, *Trofeos austriacos y sardos obtenidos por los ejércitos de los reyes hispanos Felipe V y Fernando VI (1717-1759)*, in *Emblemata*, 14 (2008), pp. 127-150.

61   Giacomo Bascapè – Marcello Del Piazzo, *Insegne e Simboli. Araldica pubblica e privata medievale e moderna*, Ristampa (Pubblicazioni degli Archivi di Stato – Sussidi 11), Roma, Ministero per i beni e le attività **culturali – Ufficio** centrale per i beni archivistici, 1999, p. 1024.

Tav. 31 Reggimento di Guardie a cavallo dello Stato di Milano (Somaglia).

spesso non applicate bensì dipinte come usava in molti paesi del Sacro Romano Impero.

Le bandiere note dei reggimenti di fanteria presenti in Italia nel 1717-1720 sono le seguenti (le indicazioni non datate si riferiscono al periodo della guerra di successione spagnola, ma non essendo cambiato il colonnello probabilmente le bandiere sono rimaste le stesse):

IR Baden-Durlach Tessin 1724/ 1

1745: rosse (a bande) (Radics).

IR Bayreuth Tessin 1734/ 1

Due bandiere a bande verticali rosse e blu con l'aquila imperiale; sei bandiere divise in riquadri rosso scuro e blu con la doppia aquila imperiale (Triomphes).

IR Königsegg Tessin 1701/ 3

Rosso cupo, bordo a fiamme blu e bianche, aquila bicipite coronata con le iniziali dell'imperatore in oro nel petto (Triomphes e Imperial Austrian Army).

IR Löffelholz Tessin 1693

1718: bandiera ordinaria cremisi, di 2,53 x 2,116 m. con aquila imperiale nera al centro, caricata dalle iniziali **C.VI** in oro e fregiata di corona imperiale con la scritta **ECCE DOMINI FUGITE PARTES ADVERSAE**; in un angolo del drappo figura uno scudo araldico con le armi del colonnello. Il puntale di metallo dorato, con l'aquila bicipite in una delle sue facce, caricata delle iniziali **C.VI**, e circondata dalla scritta: **CAR. VI.D.G.R.I.S.A.G.H.I.H.B.REX**; sull'altra faccia un complicato scudo araldico circondato dalla scritta **GEORGIUS. WILHELMUS. FREIHERR. VON. LOFELHOLZ. UND. KOLEBERG** (Sorando Muzás).

IR Nesselrode (poi Seckendorf) Tessin 1682/11

Nel 1703 il reggimento, che aveva allora come colonnello il principe Joseph di Lorena, ricevette nuove bandiere «alcune rosse, altre bianche, altre verdi, che avevano le aste dorate»[62].

IR Guido Starhemberg Tessin 1642/ 9

Bandiere "ordinarie" con campo rosso, bordo a strisce rosse, blu e bianche, aquila imperiale. *Leibfahne* bianca, aquila imperiale, bordo a triangoli rossi, blu e bianchi (Triomphes).

1734: *Leibfahne* di seta bianca con croce di Borgogna, e sovrapposta un'aquila imperiale, con spada e fulmini negli artigli, nel petto un ovale circondato dal collare del Toson d'oro recante l'immagine della Vergine con il Bambino, di stile bizantino, e una targhetta con *Maria Virgo*, intorno alla testa **REGINA COELI LAETARE ALLELUIA**, e ai due lati **MP/ HIOPTO y OY/ ETIHKOOZ**. Puntale dorato con su una faccia l'iscrizione **PRO DEO ET CAESARE VINCERE AUT MORI GUIDOBALDUS COMES ET DOMINUS A STARHEMBERG TRIBUNUS LEGIONIS PEDESTRIS 1697** e intorno il versetto **SALUTEM EX INIMICIS NOSTRIS ET DE MANU OMNIUM QUI ODERUNT NOS** (Lc I,71). Sull'altra faccia figura una piccola croce patente col motto **IN HOC SIGNO VINCEMUS** e intorno il versetto **SI CONSISTANT ADVERSUM ME CASTRA NON TIMEBIT COR MEUM SI EXURGAT ADVERSUM ME PRAELIUM IN HOC EGO SPERABO** (Sal 26, 3) (Sorando Muzás).

1740: rosse (Haussman).

IR Gyulai Tessin 1702/ 9

Nel 1704 i francesi catturarono alla resa di Ivrea quattro bandiere "ordinarie" blu chiaro con bordo blu a fiamme rosse. *Leibfahne* bianca con bordo bianco a fiamme alternate rosse e blu alternate all'esterno (Triomphes).

Gli stendardi della cavalleria

Le insegne dei corpi montati, in seta forte, damasco o broccato, erano diverse da quelle della fanteria per forma, le dimensioni, il colore e le immmagini raffigurate che venivano ricamate e non applicate. I corazzieri usavano stendardi di forma quadrata, piuttosto piccoli – circa 48 cm, di lato - di colore rosso, blu, verde o giallo, con al *recto* l'aquila imperiale e al *verso* lo stemma del colonnello o altre immagini, frangiati d'oro o d'argento (spesso analoghi ricami arricchivano il fondo del drappo). Dragoni e ussari avevano guidoni a coda di rondine, detti anch'essi impropriamente "stendardi": quelli dei dragoni erano quasi sempre di colore rosso

---

62   Francesco Ignazio Papotti, *Annali o Memorie storiche della Mirandola*, (*Memorie storiche della città e dell'antico ducato della Mirandola*, vol. IV), Mirandola (MO), Tipografia di Gaetano Cigarelli, 1877, p. 73.

(sono rarissimi gli esemplari di altro colore), mentre quelli degli ussari, di forma molto allungata, erano blu, rossi o verdi e lo scudo in petto all'aquila raffigurava le armi ungheresi come nelle bandiere degli aiduchi.

I *Leib-Estandarten* portavano l'immagine della Madonna, almeno sul *recto*, mentre il *verso* raffigurava l'aquila bicipite o lo stemma del colonnello. Durante il regno di Maria Teresa essi erano bianchi, ma in precedenza il loro colore era probabilmente quello degli altri stendardi del reggimento poiché non si conoscono stendardi o guidoni a fondo bianco, né come immagini né tanto meno in originale, prima del 1740. Il conte Khevenhüller scrive che il *Leib-Standart* del suo reggimento portava su di un lato l'immagine della Madonna e sull'altro

▲ *Stendardi di un reggimento di corazzieri* (Heeresgeschichtliches Musem, Vienna).

l'aquila imperiale, ma non accenna al colore, probabilmente dando per scontato che fosse quello degli altri stendardi[63].

I pochi stendardi noti di reggimenti di cavalleria presenti in Italia nel 1717-1720 risalgono tutti al tempo della guerra di successione spagnola, ma non essendo cambiato il colonnello si può presumere siano rimasti gli stessi:

CR Gronsfeld (poi Portugal)   Tessin 1682/ 1
Stendardo rosso a ricami argento (*Gronsfeld*) (Triomphes).
1734: stendardo verde chiaro (*Portugal*) (Gudenus).

CR Lobkowitz   Tessin 1682/ 3
Stendardo rosso con frange e ricami in oro, su un lato l'aquila bicipite con scudo asburgico nel petto e all'altro lo stemma dei Lobkowitz (Triomphes).

CR Sulzbach (*recte* Pfalz-Sulzbach)   Tessin 1674/ 1
I colori degli stendardi di questo reggimento sono dedotti dalle coperte dei timpani: celeste con ricami e frange in oro (Imperial Austrian Army).

HR Ebergényi   Tessin 1688/ 4
Nel 1704 i francesi catturarono uno stendardo attribuibile a questo reggimento: fondo rosso, bordo blu e giallo, aquila bicipite con in petto le armi ungheresi (Triomphes).

Le bandiere dei reggimenti "reali"

Il *Nuevo Reglamento* emanato a Barcellona il 20 marzo 1706 prescriveva all'articolo 24 del *Tratado de los Regimientos* che le insegne colonnelle dovessero essere bianche, con l'immagine dell'Immacolata Concezione, mentre il colore delle altre bandiere e stendardi era lasciato alla scelta del colonnello[64]. Queste disposizioni ebbero vigore anche al di fuori della penisola iberica: la bandiera "colonnella" del reggimento *Ibarra* portava al *recto* l'immagine dell'Immacolata Concezione e la scritta **BEATA ME DICENT OMNES** e al *verso* le armi del colononello[65]. I reggimenti rimasti al servizio di Carlo VI dopo il 1713 conservarono queste bandiere, almeno nei primi anni. Molti indizi fanno supporre che molte bandiere ordinarie portassero la croce di Borgogna

63   Ludwig Andreas von Khevenhüller, *Observations-Puncten ...*, cit., I, p. 338.
64   *Nuevo reglamento...*, cit., p. 13.
65   Luis Sorando Muzás, *El ejército español del Archiduque Carlos (1704-1715) y sus banderas*, in *Revista de Historia Militar*, Año LVIII (2014), Núm. Extraordinario Guerra de Sucesión española, pp. 193-211, in part. p. 201; il colore di fondo non è specificato, ma dovrebbe essere bianco trattandosi di una bandiera "colonnella". L'articolo menziona altre bandiere, sulla base degli appunti di Francisco de Castellví, che ne ricorda immagini e stemmi, ma senza mai indicarne il colore.

Tav. 32 Reggimento della Marina di Napoli.

rossa con sovrapposta l'aquila imperiale, recante nel petto le iniziali dell'imperatore (C.VI): probabilmente qualcuna di esse aveva anche lo stemma del colonnello o altro legato alla denominazione del reggimento: tale ipotesi è suffragata da alcune immagini in bianco e nero di cerimonie pubbliche e da una bandiera catturata dai francesi agli austriaci sul fronte dei Paesi Bassi all'epoca di Luigi XV. La questione è complicata dal fatto che le compagnie provenienti da reggimenti soppressi continuavano a portare le proprie bandiere: nel 1724, quando i reggimenti in Ungheria furono riorganizzati "sul piede tedesco" (riducendoli a due soli) si trovarono ad avere bandiere provenienti da ben quattordici reggimenti diversi[66].

L'Armeria Reale di Madrid conservava i resti di due bandiere distrutti da un incendio[67]: erano di color cremisi con aquila al centro sovrapposta a croce di Borgogna e le cifre C. VI, bordo costituito da triangoli alternati blu, gialli e rossi. i puntali, salvatisi dall'incendio, sono dorati con incise le cifre di Carlo VI e corona reale[68]. La presenza di quest'ultimo elemento a fa pensare che le bandiere appartenessero a un reggimento "reale", forse il reggimento *Barbon*, diverse insegne del quale dovettero essere catturate dagli spagnoli nel 1717 alla resa di Cagliari e delle altre piazzeforti sarde.

Coperte dei timpani e drappelle delle trombe

I reggimenti di corazzieri e di ussari avevano ciascuno un paio di timpani ognuno dei quali aveva una "coperta" (*Pauken-Fahne*) costituita da un paio di drappi di seta forte o di lino pesante, colorati e frangiati come gli stendardi: il drappo superiore era poi decorato con l'aquila bicipite, lo stemma del colonnello o altro emblema proprio del reggimento. L'unico reggimento munito di timpani presente in Italia nel 1717-1720 di cui si conosca il disegno della "coperta" è quello di corazzieri *Sulzbach*, che non prese parte ai combattimenti: durante la guerra di successione spagnola le "coperte" dei timpani di questo reggimento erano di color celeste con ricami e frange in oro; aquila bicipite circondata dal collare del Toson d'oro (*Triomphes*). Anche i reggimenti "reali" di "corazze" avevano timpani, per i quali l'articolo 24 del *Nuevo Reglamento* del 20 marzo 1706 prescrive che *las mantillas de los Timbales* dovevano essere *del color que gustare el Coronel*, come gli stendardi. Le drappelle delle trombe (*Trompeten-Fahnen*) erano simili alle bandiere, ma qualora queste fossero di due o più colori (per esempio a righe) le drappelle erano sempre di un colore unico.

Bandiere di marina

Per quanto l'autorevole *Enciclopedia Italiana* (*vulgo* «Treccani») riporti che il Regno di Napoli non ebbe bandiera propria prima dell'avvento della dinastia borbonica, esso la ebbe sempre, in quanto stato sovrano, legato alla Spagna solo da un'unione personale nella persona del monarca. Invece lo stemma che compariva sulla bandiera poteva variare a seconda delle circostanze: ne è un esempio una curiosa insegna tratta dall'intestazione di una "grida" del 1711, l'anno in cui l'arciduca Carlo (Carlo VI come re di Napoli) divenne imperatore, nella quale l'aquila bicipite imperiale è fregiata di corona reale.

Nel 1715 si ebbe un cambiamento, secondo quanto scrivono gli *Avvisi* di Vienna: «Napoli 11 giugno. Questo Sig. Vice-Rè ... hà con suoi dispacci fatto publicare [sic] dal Comandante Tedesco in Reggio un'Editto, con cui viene ordinato, che tutte le Navi, Galere, Tartane, Marciliane, e qualsivoglia altro Bastimento del Dominio di S. Maestà Cesarea dovrebbero portare nelle loro Bandiere l'Insegna Imperiale differente da quella di Spagna, per non essere arrestate dalli Corsari Turchi»[69]. Le galee continuarono a portare le loro insegne particolari, come attesta la contabilità del tesoriere Trabucco ove in data 25 maggio 1720 figurano: «Una fiamma maestra di tela bianca longa palmi 74 e larga palmi 28 pintata a due facce con la immagine della Madonna del Carmine, S. Francesco d'Assisi e S. Antonio da Padova e 3 armi per ogni faccia, una di S. M. Cesarea Cattolica nel medio e 2 del Sig. Generale ali lati e fascie attorno. Fiamma di trinchetto di tela ut s.ª longa palmi 49 e larga 19 pintata c.s. ed immagine di S. Gennaro e armi e fascie c.s.»[70].

---

66   *Ibidem*, p. 207. I due reggimenti ricevettero bandiere nuove e le vecchie furono deposte nelle cattedrali di Buda, Essek e Belgrado (Alba Græca).

67   Sorando Muzás, p. 133.

68   Sorando Muzás, p. 133.

69   *Avvisi*, 3 luglio 1715 (n. 106). Probabilmente sulle bandiere napoletane lo scudo in petto all'aquila bicipite portava le armi del Regno: v. ANGELO SCORDO, *Bandiere del Regno del sud*, in *Atti della Società Italiana di Studi Araldici*, 29° Convivio, Torino, 15 ottobre 2011, Torino, Società Italiana di Studi Araldici, 2012, pp. 53-77, in part. pp. 76-77.

70   ASNa, Giunta Arsenale, fs. 300.

APPENDICE I
UFFICIALI GENERALI CHE SERVIRONO IN SICILIA

Non essendosi reperito un elenco specifico dei generali dell'esercito austriaco che servirono in Sicilia, questa appendice è stata compilata menzionando quanti sono citati nelle diverse opere consultate, per cui vi saranno inevitabilmente errori e omissioni. Le persone sono divise per gradi e poste in ordine alfabetico (fortunatamente durante le operazioni in Sicilia non vi furono promozioni). Viene omesso il principe Lobkowitz che disimpegnò in Sicilia le funzioni di generale perché ebbe la nomina a guerra finita. In bibliografia viene citato prima il repertorio dei generali austriaci dal 1618 al 1815 di Antonio Schmidt-Brentano, poi la *Register-Band* della serie *Feldzüge des Prinzen Eugen von Savoyen*, inedita in italiano, opera del grande archivista Alphons von Wrede, che fece di un normale indice analitico un repertorio biografico fondamentale; seguono le schede biografiche che sono state reperite; per ragioni di spazio sono state omesse gran parte delle citazioni già presenti nel testo.

GENERALE DER CAVALLERIE

Principe Giovanni Carafa (Caraffa)

(1671–1743). Nato a Napoli, figlio del conte di Policastro, apparteneva a un ramo della grande famiglia Carafa. In servizio nell'esercito imperiale prima del 1693 e GFWM nel 1704, combatté in Ungheria contro i ribelli; FML nel 1706, fece parte l'anno dopo delle forze spedite dall'imperatore alla conquista del Regno di Napoli, ottenendo il titolo di principe del Sacro Romano Impero.

La scheda del DBI trascura del tutto le vicende di Carafa dal 1707 al 1734. GdC nel 1716, egli fu incaricato alla fine del 1717 di «sopraintendere alla Fortezza di Sant'Elmo, à quelle del Regio Castel Nuovo, del Torrione del Carmine, e dell'Ovo, ove saranno tutti Uffiziali Alemani [sic]», nell'ottobre 1718 fu inviato ad assumere il comando delle truppe concentrate a Milazzo essendo il primo, come rango e anzianità di grado, fra i generali presenti nel Regno. Quando a Vienna giunse la notizia della resa della cittadella di Messina, Carlo VI si decise a separare le truppe in Sicilia dall'esercito napoletano, destinando al loro comando il FZM Zum Jungen. La nomina di questi fu decisa prima che si sapesse dell'esito infausto della battaglia di Milazzo (15 ottobre 1719), ingaggiata dai generali austriaci sottovalutando le qualità combattive degli spagnoli. La sconfitta non fu imputata a Carafa, che quando il conte Gallas e il cardinale Schrattenbach divennero viceré li affiancò quale «comandante delle armi». Venuto presto in contrasto col GdC conte di Atalaya e altri membri del «consiglio collaterale» dovette dimettersi e andare a Vienna, lasciando il comando al FZM Wetzel. La pessima gestione di questi, malato e prossimo a morire, causò il ritorno di Carafa, partito da Vienna il 7 febbraio 1720, prima della morte di Wetzel, avvenuta il 4 aprile. Promosso FM nel 1723, sempre «comandante delle armi» nel 1734, Carafa fu ritenuto uno dei responsabili della perdita del Regno di Napoli. Confinato a Wiener Neustadt e processato, dopo un periodo di carcere si ritirò a Venezia, dove morì il 3 maggio 1743.

Tiberio Carafa, nelle sue *Memorie,* lo giudica uomo interessato solo ai suoi vantaggi e riteneva che si fosse distinto «non per altre migliori arti che per quelle de' corteggiani»; Barca scrive che «era per certo che si tratteneva con molto fasto», lasciando il comando effettivo al FML Wallis.

Bibliografia: *Schmidt-Brentano*, p. 18; *Feldzüge*, Register-Band, p. 142; CARLA RUSSO, *CARAFA, Giovanni*. in DBI, Volume 19 (1976); *Avvisi*, 19 gennaio, 24 dicembre 1718 (nn. 11, 214), 10 febbraio 1720 (n. 25); *Campagne*, XVIII, pp. 134, 36-37, 39, 63, 117 suppl.; *L'assedio di Milazzo*, cap. IV.

Conte Claude Florimond de Mercy[71]

(1666-1734). Nato a Longwy, ultimo esponente della famiglia Mercy, uno dei casati più antichi della Lorena, i cui membri si erano distinti al servizio imperiale (il padre e il nonno caddero in combattimento).

71   Detto talvolta «Mercy-Argenteau» oppure «Argenteau conte di Mercy», ma si tratta di errori dovuti al fatto che egli, non avendo figli, adottò nel 1727 il cugino Ignace d'Argenteau che assunse il cognome Mercy-Argenteau, ereditando a suo tempo il titolo di conte (senza predicato).

Entrato in servizio come "volontario" nel 1682, prese parte nel 1683 alla difesa di Vienna, distinguendosi nelle successive campagne in Ungheria e in Italia. Durante la guerra per la successione spagnola combatté in Italia e sul Reno. Colonnello di un reggimento di corazzieri nel 1702, GFWM nel 1704, FML nel 1706, GdC nel 1716, fece le campagne in Ungheria e completò la conquista del Banato, di cui assunse il governo.

Nel febbraio 1718, nominato da Carlo VI comandante delle truppe in Sicilia, lasciò Temesvár (odierna Timisoara, in Romania), rientrandovi nell'agosto 1721 e dimostrandosi un ottimo amministratore. Promosso FM nel 1723, rimase nel Banato fino alla fine del 1733 quando fu nominato comandante supremo dell'armata austriaca in Italia.

Il principe Eugenio considerava Mercy uno dei suoi migliori collaboratori, essendo audace e aggressivo, meticoloso nella preparazione dei piani operativi e portato a combattere sempre in prima linea (abitudine che gli procurò molte ferite), ma gentile e cortese al di fuori dei combattimenti. Aveva però la tendenza a sottovalutare il nemico preferendo attaccare anche in circostanze sfavorevoli (come dimostrò a Francavilla), per cui era piuttosto impopolare fra i soldati che esponeva a rischi inutili.

Mercy era in condizioni fisiche tanto precarie che oggi non gli permetterebbero di superare la più blanda visita medica, essendo miopissimo e soggetto ad attacchi (forse epilettici) che lo colpivano nei momenti di particolare tensione. Schinzl le fa risalire a una rovinosa caduta che egli ebbe nel 1690 quando gli fu ucciso il cavallo; altri autori le ignorano o le minimizzano. In particolare non si fa cenno al grave attacco che colpì Mercy alla battaglia di Belgrado (16 agosto 1717), evento ben noto ai contemporanei tanto che il *Diario* pubblicato sugli *Avvisi* riporta che l'11 luglio 1719 egli fu, come «già gli successe in Ungheria, soprafatto [*sic*] di subitaneo accidente, ma per la Dio grazia non così vehemente come allora, essendo S. Eccell. restata per 2 ore quasi morta senza sensibilità, udito, e vista». Vi accenna anche il principe Eugenio in una lettera a Mercy dell'11 agosto 1719: «*La première* [*lettre*] *m'autant surpris par le retour de l'accident de Belgrade ...*».

Lo stato fisico di Mercy ebbe un notevole peso nello svolgimento delle campagne in Sicilia, dove egli si segnalò per lo sconsiderato spirito offensivo (forse derivante da uno scompenso mentale) che a Francavilla lo spinse a ordinare un attacco frontale contro posizioni munitissime oppure a intraprendere la marcia su Palermo cercando lo scontro con un nemico che aveva già manifestato la sua intenzione di evacuare la Sicilia. Nel 1734 al comando dell'esercito d'Italia, ebbe alcune ricadute del suo male, che l'obbligarono a lasciare l'incarico e curarsi (a Padova)[72]. Rientrato in servizio ai primi di giugno 1734[73] perse la vita nella battaglia di Parma il 29 giugno 1734 alla testa del suo esercito contro l'esercito alleato franco-sardo.

Bibliografia: *Schmidt-Brentano*, p. 63; *Feldzüge*, Register-Band, p. 547; [THOMAS CORBETT], *An account, cit.*, pp. 38-39 (ripreso in *Campagne*, XVIII, p. 111); CARL A. SCHWELGERD, *Österreichs Helden und Heerführer*, II, *cit.*, pp. 889-894; *Wurzbach*, XVII (1867), pp. 386-391; *Campagne*, XVI, p. 70 (note biografiche non molto affidabili); ADOLF SCHINZL, *Mercy, Claudius Florimund Graf von* in ADB, XXI (1885), pp. 410-414 (la scheda più precisa e completa); HELMUT NEUHAUS, *Mercy, Claudius Florimund Graf von* in NDB, XVII (1994), pp. 126-127; per il viaggio a Napoli e il ritorno nel Banato, *Avvisi*, 11 febbraio, 3 e 17, 24 maggio e 14 giugno 1719 (nn. 28, 74, 82, 86, 98), 28 agosto, 11, 14 e 18 settembre 1720 (nn. 144, 152, 155, 156), 2 agosto 1721 (n. 127); per gli attacchi, *Avvisi*, 9 agosto 1719 (n. 136), 23 marzo, 22 maggio 1720 (n. 52, 88) e Campagne XVIII, p. 68 Suppl.

FELDZEUGMEISTERN

Barone Johann Adam von Wetzel

(c. 1660-1720). Appartenente a nobile famiglia tedesca di origine ceca, gli *Avvisi* lo dicono morto a 59 anni d'età con 36 «in servizio dell'Augustissima Casa Austria, cioè dieciotto in tempo della gloriosa memoria del Rè Carlo II. ... & altri dieciotto, dalla rinomata battaglia di Luzzara à questa parte», quindi nacque intorno al 1660, entrò nel 1682/1683 in un reggimento tedesco dell'esercito del ducato di Milano, rimase un paio d'anni al servizio di Filippo V e passò a quello imperiale dopo la battaglia di Luzzara (15 agosto 1702), nella quale fu forse fatto prigioniero. Promosso GFWM nel 1705, combatté nella pianura padana e all'assedio di Gaeta

---

72   Gaceta de Madrid
73   Ibidem

(1707); FML nel 1708, andò in Spagna; tornato a Napoli, divenne FZM nel 1716. Alla fine del 1717 gli fu data la «Sopraintendenza» delle fortezze di Baia, Capua e Gaeta.

Il 10 agosto 1718 sbarcò a Reggio (Calabria) per assumervi il comando delle truppe che ivi si radunavano. Disattese l'ordine del FM. Daun, viceré di Napoli, di rinforzare adeguatamente la cittadella di Messina, non volendo sottostare agli ordini del suo comandante, marchese d'Andorno. Pensando che battere gli spagnoli fosse facile, elaborò un piano di sbarco bocciato da Daun come irrealizzabile. Propose allora di assumere come base di operazioni Milazzo, dove secondo lui avrebbe dovuto portarsi anche la guarnigione della cittadella, lasciata libera dopo una capitolazione onorevole. Solo il 17 settembre, rendendosi conto che le brecce aperte dagli spagnoli erano superabili, rinforzò la fortezza con 2.000 uomini, ma ormai era troppo tardi e il 29 settembre la cittadella dovette arrendersi. Secondo la relazione del marchese d'Entraives il suo comportamento in questa occasione fu tanto strano da far pensare che fosse già colpito dalla pazzia di cui morì qualche tempo dopo a Napoli.

Per i contemporanei la responsabilità di Wetzel era palese. Ancora il 13 gennaio 1720 il principe Eugenio, a proposito di una "giustificazione" del suo operato mandata a Vienna, gli scriveva: «più che mai Vostra Eccellenza aveva interesse a manifestare il vero stato delle cose almeno alla Corte, perchè si fosse in grado di rispondere con qualche fondamento a coloro, che pretendono di caricar tutte le colpe sulla *garnison* imperiale.». Richiamato a Napoli, il 29 agosto 1719 assunse la carica di «comandante delle armi» in sostituzione del GdC Carafa, pur essendo ormai minato dalla malattia. Il 10 gennaio 1720 il principe Eugenio scriveva al GdC Mercy: «*Je crois qu'il y a de la confusion à Naples faute d'une bonne direction, particulièrement dans le militaire ... Mons. le général Caraffa retourne au primier jour à son commandement.*». Morì a Napoli il 4 aprile 1720.

Bibliografia: *Schmidt-Brentano*, p. 110; *Feldzüge*, Register-Band, p. 641; *Wurzbach*, LV (1887), p. 186 (dove è chiamato erroneamente Franz Joseph); *Decrizzione [sic] della Morte, e delle Essequie [sic] dell'Eccell. Giovanni Adamo Libero Barone di Wetzel* in *Avvisi*, 1 maggio 1720 (n. 74); *Avvisi*, 19 gennaio 1718 (n. 11), 10 febbraio, 1 maggio 1720 (nn. 25, 74); *Campagne*, XVIII, pp. 74, 134, 36-37, 112 suppl.; ALBERICO LO FASO DI SERRADIFALCO, *L'assedio di Messina*, cit., passim.

Barone Johann Hieronymus von Zum Jungen (o Zumjungen)[74]

(1660-1732). Nato a Francoforte sul Meno, già in servizio nel 1679, combatté in Alsazia e in Ungheria. Durante la guerra di successione spagnola operò quasi sempre in Lombardia e Piemonte. Mandato in rinforzo al principe Eugenio partecipò alla battaglia di Blenheim (13 agosto 1704). GFWM nel 1705 e FML nel 1706, nel 1711-1712 completò la conquista dei "Presidi di Toscana"; fu poi Governatore di Novara e FZM nel 1716. Nominato comandante delle truppe in Sicilia nell'ottobre 1718, fu poi sostituito dal GdC Mercy, restando nell'isola come comandante in seconda. Alla battaglia di Francavilla rimpiazzò Mercy gravemente ferito; diresse poi le operazioni ossidionali contro Messina e la sua cittadella e guidò in novembre la spedizione inviata a Trapani, sostitendo ancora Mercy (rimasto privo di vista e udito) di fronte a Palermo il 29 aprile 1720. Assunse il comando delle truppe quando Mercy lasciò la Sicilia. Comandante generale in Lombardia nel 1722, FM nel 1723, fu comandante generale in Lombardia e nei Paesi Bassi austriaci, morì a Bruxelles il 23 agosto 1732.

Il principe Eugenio lo considerava un ottimo esecutore degli ordini altrui, ma non lo credeva molto adatto a reggere un comando indipendente. Barca scrive che egli si distinse per la condotta irreprensibile e l'atteggiamento cordiale verso ufficiali e soldati. Per Gerba Zum Jungen era «uno dei migliori generali dell'esercito imperiale, asceso alle più alte dignità militari per solo suo merito, prode, ricco di cognizioni diverse come di esperienza, umano, giusto, affabile, amatissimo dai suoi dipendenti», mancandogli tuttavia «la prontezza e l'ardimento nel risolvere». Qualità e limiti apparsi evidenti durante le operazioni in Sicilia.

Bibliografia: *Schmidt-Brentano*, p. 47; *Feldzüge*, Register-Band, pp. 989-990; KARL ALBRECHT, *Jungen, Johann Hieronymus Freiherr von und zum* in: ADB, XIV (1881), pp. 706-707 (lo dice morto nel 1733); FRANZ LEMOR, *Jungen, Johann Hieronymus Freiherr von und zum* in NDB, X (1974), p. 683; *Avvisi*, 30 novembre, 24 dicembre 1718

---

74   Prevalse poi l'uso di chiamarlo *vom und zum Jungen*.

(nn. 200, 214); Campagne, XVIII, pp. 92, 186, 36, 171, 179 suppl.; *L'assedio di Milazzo*, cap. VII.

FELDMARSCHALL-LEUTNANTS

Conte Claude-Alexandre de Bonneval

(1675-1747). Nato nel castello di Coussac-Bonneval (Limousin), lasciò l'esercito francese nel 1704 in seguito a un atto d'indisciplina passando a quello imperiale come GFWM. FML nel 1716, si segnalò nella guerra contro gli ottomani. Nel maggio 1719 ebbe il comando del corpo destinato alla riconquista della Sardegna: quando questo fu mandato in Sicilia pretese di mantenere un comando separato. Gerba scrive che rimase pochissimo sull'isola, ma gli *Avvisi* attestano che partì dalla Sicilia nell'estate del 1720 per far ritorno in Lombardia con le truppe del suo corpo. Promosso FZM nel 1723, due anni dopo commise un'altra grave infrazione disciplinare, venendo condannato a un anno di fortezza e all'esilio. Nel 1728 fuggì in Turchia e nel 1730 si fece mussulmano assumendo il nome di "Ahmet Paşa". Morì a Costantinopoli (Istanbul) il 23 marzo 1747.

▲ *Conte Claude-Alexandre de Bonneval* (Coll. privata)

Bibliografia: *Schmidt-Brentano*, p. 13; *Feldzüge*, Register-Band, p. 99; *Campagne*, XVI, p. 92 (note biografiche); Georges Bourgin, *Bonneval, Claude-Alexandre, conte di*, in *Enciclopedia Italiana*, VII (1930), edizione elettronica; *Avvisi*, 22 e 29 maggio 1720 (nn. 86, 92) (per il rientro del corpo Bonneval v. *Avvisi* dal 14 agosto al 19 ottobre 1720); *Campagne*, XVIII, pp. 146-147, 94-95, 171 suppl.

Conte Johann Carl von Eckh (o Egkh und Hungersbach)

(+1719). Appartenente a una famiglia nobile originaria della Franconia e ufficiale di cavalleria, durante la guerra di successione spagnola fu in Baviera, Ungheria e Spagna; GFWM nel 1716, combattè ancora in Ungheria, lasciandola nell'estate 1718 con la colonna al comando del FML Veterani. Rimasto in Lombardia al comando dei reggimenti di cavalleria stanziati nel parmigiano, fu promosso FML il 4 dicembre 1718 e designato a sostituire Veterani caduto prigioniero alla battaglia di Milazzo. Sbarcato in Sicilia col corpo del GdC Mercy, comandò la cavalleria alla battaglia di Francavilla. Ammalatosi e trasportato a Reggio (Calabria), vi morì il 9 agosto 1719.

Bibliografia: *Schmidt-Brentano*, p. 27 (lo dice promosso FML nel settembre 1718); *Feldzüge*, Register-Band, p. 242; *Avvisi*, 4 gennaio, 2 e 9 settembre 1719 (nn. 1, 153, 158); *Campagne*, XVIII, p. 58, 39 suppl.

Friedrich Wilhelm duca di Holstein-Beck

(1682-1719). Apparteneva alla famiglia Schleswig-Holstein-Sonderburg-Beck, un ramo della casa reale danese discendente dal re Cristiano III (1503-1559). Beck era solo una casa di campagna a Ulenburg (oggi frazione di Löhne, *Land* Nordrhein-Westfalen) e per vivere i membri del casato dovevano servire come mercenari[75]. Tenente-colonnello prussiano nel 1705, passò al servizio imperiale, diventando cattolico. Ferito gravemente alla battaglia di Malplaquet (11 settembre 1709), fu promosso GFWM nel 1711 e FML nel 1716. Dopo aver combattuto in Ungheria, partì alla volta di Napoli alla testa di una colonna di fanteria imbarcandosi col corpo del

---

75   Questo ramo ha dato origine all'attuale casa reale danese, la quale però non discende da Friedrich Wilhelm, che non ebbe figli maschi, bensì dal cugino Peter August Friedrich (1697-1775).

GdC Mercy. Ferito gravemente alla battaglia di Francavilla e fatto prigioniero, morì il 26 giugno 1719.

Bibliografia: *Schmidt-Brentano*, p. 89; *Feldzüge*, Register-Band, p. 395; *Geschichte und Nachrichten von dem königl. preuß. Infanterie Regimente Prinz Friedrich August von Braunschweig*, Halle, Johann Gottfried Trampe, 1767, pp. 69-70; *Avvisi*, 26 luglio 1719 (n. 127); *Campagne*, XVIII, p. 129 (lo dice morto il 25 giugno)

Barone (poi conte) Friedrich Heinrich von Seckendorf[76]

(1673-1763). Nato a Königsberg (in Franconia, da non confondere con l'omonima città della Prussia orientale, oggi Kaliningrad) entrò come "volontario" nel 1693 nell'esercito anglo-olandese del re Guglielmo III.

▲ *Le armi della famiglia Wetzel (del FZM von Wetzel non si conoscono ritratti)*

Militò poi in diversi eserciti, compreso quello veneziano col quale prestò servizio in Morea (Peloponneso) nel 1695. Entrato nel 1709 nell'esercito sassone, divenne FML austriaco nel 1717. Combattè in Ungheria e dopo la pace di Passarowitz guidò una delle colonne mandate in Lombardia. Salpato il 26 ottobre 1718 col FML Wachtendonk, raggiunse Milazzo dopo molte traversie il 26 gennaio 1719. Il 2 aprile 1719 Carlo VI lo nominò conte del Sacro Romano Impero (Gerba sbaglia quando dice che Seckendorf ricevette tale dignità al principio del 1720). Ai primi di giugno diresse la presa di Lipari. Alla battaglia di Francavilla comandò la colonna impegnata più a lungo. Dopo aver preso parte agli assedî di Messina e della sua cittadella, in novembre andò a Trapani col FZM Zum Jungen e nel febbraio-marzo 1720 si impadronì dei «caricatoi» di Sciacca, Girgenti (Porto Empedocle) e Siculiana. Durante le operazioni in Sicilia rimase ferito tre volte e fu uno dei plenipotenziari che stipularono il trattato di evacuazione dell'isola.

Nel 1723 fu promosso FZM, ma nello stesso anno tornò nell'esercito sassone come *General der Infanterie*. Rientrato poi al servizio di Carlo VI alternò incarichi diplomatici e militari, divenendo nel 1737 FM e comandante supremo dell'esercito impegnato contro gli ottomani, una scelta rivelatasi disastrosa. Sollevato dal comando dopo soli cinque mesi e sottoposto a processo per incompetenza, rimase agli arresti domiciliari per tre anni. Successivamente ebbe un'esistenza alquanto turbolenta fino alla morte avvenuta il 23 novembre 1763 a Meuselwitz (Turingia).

Bibliografia: *Schmidt-Brentano*, p. 92; *Feldzüge*, Register-Band, p. 798; *Wurzbach*, XXXIII (1877), pp. 261-266: HEINRICH KEMATMÚLLER, *Seckendorff, Friedrich Heinrich Graf von*, in ADB, XXXIII (1891), pp. 514-517; BRUNO KUNTKE, *Seckendorff, Friedrich Heinrich Graf von*, in NDB, XXIV (2010), pp. 118-119; [THERESIUS VON SECKENDORFF], *Versuch eines Lebensbeschreibung*, I, cit., pp. 125-164 (guerra in Sicilia); *Campagne*, XVIII, p. 182 n. 3; *Wrede*, I, p. 300 n. 4.

Conte Giulio Marsili-Veterani (Marzichi und Veterani)

(1668-1736). Nato a Firenze era nipote del FM Federico conte Veterani (1650-1695), di cui sposò la figlia ed erede Camilla, assumendo il cognome Marsili-Veterani. Al seguito dello zio fin da bambino è stato spesso scambiato per suo figlio. GFWM nel 1708 (ma con anzianità 1706) e FML nel 1716, nell'estate del 1718 lasciò l'Ungheria con due reggimenti di corazzieri diretti in Lombardia; ebbe poi l'ordine di andare in Sicilia a co-

---

76   I tedeschi scrivono "Seckendorff".

mandarvi la cavalleria e partì da Napoli insieme al GdC Carafa. Catturato dagli spagnoli nella battaglia di Milazzo (15 ottobre 1718), rimase prigioniero a lungo poiché non c'era nelle mani degli austriaci un generale spagnolo di pari rango con cui scambiarlo. Una soluzione dovette alla fine trovarsi perché in una corrispondenza da Fiume del 20 aprile 1720, pubblicata sugli *Avvisi*, si legge che «Questa mattina sopra un nostro Bastimento capitò dalla Sicilia il Sig. Gen. Veterani, che passa à Vienna, conducendo un Lione al Ser. Prencipe Eugenio di Savoia.». Promosso GdC nel 1723, morì a Vienna il 12 ottobre 1736.

Bibliografia: *Schmidt-Brentano*, p. 105; *Feldzüge*, Register-Band, p. 919; CARL A. SCHWELGERD, *Österreichs Helden und Heerführer*, II, *cit.*, p. 382; CARL LEUPOLD, *Allgemeines Adels-Archiv der österreichen Monarchie*, I, s.n.t. [1791] p. 489; *Avvisi*, 2 novembre 1718 (n. 183), 8 aprile 1719 (n. 59), 1 maggio 1720 (n. 74).

Barone Bertram Anton von Wachtendonk

(+1720). Appartenente a nobile famiglia cattolica della Renania settentrionale (uno zio e un fratello furono cavalieri dell'ordine di Malta), combattè in Ungheria contro i ribelli e fu promosso GFWM nel 1708; dal 1710 al 1712 fece le campagne sulle Alpi e nel 1713 quella sul Reno; fu poi comandante di Lussemburgo divenendo FML nel 1716. Inviato in Ungheria prese parte alla battaglia di Belgrado (16 agosto 1717). Nel luglio 1718 giunse a Milano assumendo in settembre il comando delle truppe destinate per la Sicilia. Il convoglio salpò da San Pier d'Arena il 26 ottobre, ma fu disperso da una tempesta e Wachtendonk arrivò infine a Milazzo il 30 novembre. Alla battaglia di Francavilla (20 giugno 1719) fece parte della colonna del FZM Zum Jungen, comandando poi l'avanguardia dell'esercito durante la marcia su Messina. Prese parte agli assedi della città e della sua cittadella, distinguendosi nel combattimento dell'8 ottobre; il 16 ottobre comandò il distaccamento inviato a rioccupare Scaletta (Zanclea). Il 14 gennaio 1720 partì da Messina con un convoglio di truppe diretto a Trapani, ma le navi, disperse ancora una volta dalla tempesta, dovettero restare in mare a lungo e a bordo scoppiarono malattie che decimarono i soldati. La nave di Wachtendonk arrivò a Trapani il 4 marzo 1720, ma questi «era pochi giorni prima morto sopra la sua Nave, suffocato da un catarro».

Bibliografia: *Schmidt-Brentano*, p. 107; *Feldzüge*, Register-Band, p. 941; *Avvisi*, 3 agosto, 25 ottobre, 24 e 31 dicembre 1718 (nn. 128, 180, 214, 219), 4 e 8 novembre 1719 (nn. 196, 199), 10 e 17 aprile 1720 (nn. 62, 67).

Conte Georg Olivier von Wallis

(1673-1744). Apparteneva a una famiglia di militari di origine irlandese al servizio asburgico dal 1622 che nel 1688 conseguì l'*Indigenat* ungherese (equivalente alla moderna cittadinanza): non è quindi esatto considerarlo «irlandese». Ereditato nel 1689 il titolo di barone di Carighmain, dopo essere stato paggio alla corte imperiale nel 1690 divenne capitano prendendo parte alle operazioni in Ungheria; durante la guerra di successione spagnola combattè in Tirolo, in Lombardia e nel napoletano. Conte nel 1706, nel 1708 espugnò alcune località dei "Presidi di Toscana" divenendo GFWM nello stesso anno. Mandato in Spagna vi rimase fino al 1713. Promosso FML nel 1716, combattè in Ungheria distinguendosi nella battaglia di Belgrado (16 agosto 1717).

Partito dall'Ungheria al comando delle truppe destinate a Napoli prima della conclusione della pace di Passarowitz, sbarcò a Vasto il 2 aprile 1718; destinato in Calabria, arrivò a Scilla il 28 agosto 1718. Fece solo qualche saltuaria visita alla cittadella di Messina assediata dagli spagnoli, forse a causa dell'animosità che lo contrapponeva al marchese d'Andorno, comandante di questa. Il 1° ottobre si trasferì a Milazzo dove, come scrive Barca, «Benché l'assoluto dominio in questa città sopra le milizie l'avesse il signor Caraffa, generale, non di meno il signor generale Vallais [*sic*] disponeva a suo modo». Barca lo descrive «soggetto d'ogni circospezione - e nell'esercizio militare molto sperimentato - pure affabile e senza alterigia alcuna, umanissimo nel conversare e mai rigido» eppure «inesorabile» trattandosi di questioni di servizio. Ammalatosi, il 19 marzo dovette farsi trasportare a Tropea, da cui poi partì per Napoli intorno al 22 aprile. Tornato in Sicilia con il corpo del GdC Mercy, comandò l'avanguardia alla partenza dal campo di Merì e una delle colonne alla battaglia di Francavilla. Prese parte agli assedi di Messina e della sua cittadella. L'11 gennaio 1720 il GdC Mercy gli affidò «il Comando d'interim ... di Messina, e di tutte le altre Fortezze da questa dipendenti», rientrando a Vienna il 19 ottobre. Promosso FZM nel 1723, comandante generale in Sicilia fino al 1731, fu poi governatore di Magonza a richiesta di quel principe elettore. Nel dicembre 1734 ebbe *ad interim* il comando dell'esercito austriaco in Italia. Promosso FM nel 1737, nella successiva guerra contro gli ottomani fu sconfitto alla battaglia di Grocka (22 luglio 1739) causando la perdita di Belgrado. Processato nel 1740 e incarcerato per qualche mese nella fortezza dello Spielberg (presso Brno), si ritirò a vita privata. Morì a Vienna il 19 dicembre 1744.

Bibliografia: *Schmidt-Brentano*, p. 107; *Feldzüge*, Register-Band, p. 946; *Wurzbach*, LII (1885), pp. 257 (*Indigenat* e titolo comitale), 261-265; Oscar Criste, *Wallis, Georg Olivier Graf von* in ADB, XL (1896), pp. 749–751; *Avvisi*, 13 aprile, 19 novembre, 31 dicembre 1718 (nn. 60, 194, 219), 19, 23, 26 aprile, 3 maggio 1719 (nn. 66, 69, 71, 75), 28 febbraio, 19 ottobre 1720 (nn. 37, 176); *L'assedio di Milazzo*, capp. IV, VII.

GENERALFELDWACHTMEISTERN

Marchese d'Arnault (o d'Arnaut)

Da non confondere col FML barone d'Arnant. Il nome di questo generale compare solo negli *Avvisi*, che nel 1711 citano presente in Savoia «il Sargente Generale Regio di Spagna Sig. Marchese d'Arnaut», facendo ipotizzare che fosse un *austracista* inquadrato nell'esercito "reale" del ducato di Milano. Nell'ottobre 1719 viene indicato quale vice-comandante del distaccamento mandato a rioccupare Scaletta (Zanclea). Nel marzo 1720 era con le truppe partite da Trapani col FZM Zum Jungen per congiungersi col GdC Mercy accampato presso Castelvetrano e il suo bagaglio «havendo smarrita la strada, fù preso da una Partita nemica»

Bibliografia: Avvisi, 12 agosto 1711 (n. 133), 8 novembre 1719 (n. 199), 10 aprile 1720 (n. 62).

Marchese Gian Francesco Arrigoni

(+1720). Nato a Mantova da nobile famiglia, era fratello di Alessandro (1674-1718), vescovo di Mantova dal 1713. Tenente colonnello dei corazzieri, si distinse nel combattimento di Offenburg (24 settembre 1707); promosso GFWM nel 1716 e inviato in Transilvania, nel 1717 passò all'armata del principe Eugenio. Ferito alla battaglia di Belgrado (16 agosto 1717) e tornato a Mantova per ristabilirsi, nel luglio 1718 ebbe ordine di portarsi a Milazzo, dove giunse insieme al FZM Zum Jungen e al GFWM Roma. Nel gennaio 1719 era in Calabria con la cavalleria evacuata da Milazzo. Non si hanno più notizie di lui fino al gennaio 1720, quando arrivò a Trapani provenendo da Messina. Morì il 22 aprile 1720 colto da improvvisa infermità durante la marcia su Palermo.

Bibliografia: *Schmidt-Brentano*, p. 5 (lo dice morto nel 1719); *Feldzüge*, Register-Band, p. 35; *Avvisi*, 3 agosto e 30 novembre 1718 (nn. 128, 200), 25 febbraio 1719 (n. 35), 10 e 24 febbraio, 22 maggio 1720 (nn. 25, 34 e 88); Stefano Gionta, *Il fioretto delle cronache di Mantova*, Mantova, Fratelli Negretti, 1844, p. 215; *Campagne*, XVIII, p. 177 e app. 13.

Conte Fréderic de Diesbach

(1677-1751). Nato a Friburgo, città svizzera di lingua francese, intraprese la carriera del mercenario entrando nel 1695 al servizio francese come cadetto, passando nel 1711 a quello olandese come brigadiere, divenendo nel 1714 GFWM dell'esercito imperiale. Combattè nei Paesi Bassi, in Spagna e sul Reno. Conte dell'Impero nel 1718 per essersi distinto nella guerra contro gli ottomani.

Nel luglio 1718 andò in Lombardia con la colonna di fanteria comandata dal FML Browne, sbarcando poi in Sicilia col corpo del GdC Mercy. Alla battaglia di Francavilla (20 giugno 1719) fece parte della colonna del FML Wallis ricevendo due ferite. Guarito in tempo per prendere parte alle ultime fasi dell'assedio della cittadella di Messina, rimase poi nella Sicilia occidentale. Governatore di Siracusa dopo la guerra, nel 1722 divenne principe di Sant'Agata in Sicilia (non identificata: l'attuale Sant'Agata di Militello appartenne sempre alla famiglia Gallego). Promosso FML nel 1723, fu ancora ferito alla battaglia di Parma (29 giugno 1734). FMZ nel 1744 si ritirò a Friburgo dove morì il 22 agosto 1751.

Bibliografia: *Schmidt-Brentano*, p. 25; *Feldzüge*, Register-Band, p. 223; Benoît de Diesbach Belleroche, *Diesbach, Fridéric de (Steinbrugg)*, in *Historisches Lexikon der Schweiz*, edizione elettronica; *Avvisi*, 15 luglio, 8 novembre, 6 dicembre 1719 (nn. 121, 199, 215); Marchese di Villabianca, *Della Sicilia nobile*, II, Palermo, Stamperia de' Santi Apostoli, 1754, p. 439.

Johann Christoph Ernst von Gravenreuth (o Gravenreith)

(1674-1719). Appartenente a una nobile famiglia della Franconia, la sua carriera militare è sconosciuta, sapendosi solo che nel 1709 era tenente colonnello. Il 30 novembre 1718 giunse a Milazzo col FML Wachtendonk, morendovi di malattia il 24 marzo 1719. Per Schmidt-Brentano divenne GFWM nel dicembre 1718, ma il *Diario* pubblicato sugli *Avvisi* (utilizzato anche da Gerba) scrive che aveva questo grado al momento dell'arrivo a Milazzo (può darsi però che ne esercitasse solo le funzioni).

Bibliografia: *Schmidt-Brentano*, p. 36; *Feldzüge*, Register-Band, p. 338; *Avvisi*, 31 dicembre 1718 (n. 219), 26 aprile 1719 (n. 69), *Campagne*, XVIII, pp. 98, 105.

Maximilian principe di Hessen-Kassel

(1689-1753). Nato a Marburg, figlio cadetto del langravio Carlo I, nell'aprile 1717 entrò al servizio imperiale come colonnello "proprietario" di un reggimento assiano "capitolato" in occasione della guerra contro i turchi, ricevendo il grado di GFWM. Dopo la pace di Passarowitz andò in Lombardia con la colonna comandata dal FML Seckendorf. Nel febbraio 1719 ebbe ordine di portarsi a Napoli col suo reggimento, andando poi in Sicilia con le truppe del GdC Mercy. Fu presente alla battaglia di Francavilla, assedî di Messina e della sua cittadella, spedizione a Trapani del FZM Zum Jungen, marcia su Palermo (ferito da una cannonata il 2 maggio 1720). Rimasto nell'esercito austriaco dopo la guerra, divenne FML nell'ottobre 1720, FWM nel 1735 e FM nel 1741; servì anche nell'esercito del Sacro Romano Impero. Morì a Kassel l'8 maggio 1753.

Bibliografia: *Schmidt-Brentano*, p. 43; *Feldzüge*, Register-Band, pp. 380-381; CARL VON STAMFORD, *Das Regiment Prinz Maximilian von Hessen-Cassel*, cit., *passim*; *Avvisi*, 23 novembre 1718 (n. 196), 15 febbraio, 10 giugno, 23 e 30 agosto 1719 (nn. 29, 96, 146, 151), 22 maggio 1720 (n. 88); *Campagne*, XVIII, pp. 57, 160-161, 41 suppl.

Conte Giovanni Federico Lantieri de Paratico

(1669-1744). Di nobile famiglia bresciana, nel 1709 era in Ungheria come tenente colonnello dei corazzieri. Nel giugno 1716 era sempre in Ungheria come colonnello comandante del reggimento corazzieri *Graven*. GFWM nello stesso anno, fu nel Banato col corpo di Mercy e prese parte alla battaglia di Belgrado (16 agosto 1717). Sbarcato in Sicilia col GdC Mercy, presenziò alla battaglia di Francavilla e il 18 dicembre 1719 salpò da Messina al comando di un convoglio di truppe dirette a Trapani, prendendo poi parte alla marcia su Palermo. Nel dicembre 1720 divenne "proprietario" di un reggimento di corazzieri per «il grande merito, ch'il medesimo Sig. Generale si è acquistato nel corso di circa 34 Anni, che servì negli Esserciti [*sic*] Cesarei in Ungheria, nell'Imperio [*sic*], & ultimamente in Sicilia». FML nel 1723, presente alle battaglie di Parma (29 giugno 1734) e di Guastalla (19 settembre 1734) dove fu ferito. GdC nel 1735, morì il 25 aprile (o dicembre) 1744.

Bibliografia: *Schmidt-Brentano*, p. 54; *Feldzüge*, Register-Band, p. 467; *Avvisi*, 21 dicembre 1720 (n. 217).

Marchese Matteo Lucini (Luccini)

(+1729). Di nobile famiglia comasca, era entrato in

▲ *Processione 1717* (incisione d'epoca, colorazione .successiva)

servizio nell'esercito spagnolo del ducato di Milano. Durante la guerra di successione spagnola combatté in Spagna nell'esercito dell'Arciduca Carlo (futuro Carlo VI), distinguendosi come colonnello alla battaglia di Villaviciosa (10 dicembre 1710); nel 1713 era GFWM. Nel 1719 fu addetto al corpo del FML Bonneval, col quale giunse a Messina nell'ottobre di quell'anno. Non si mosse mai dalla Sicilia orientale. Nel settembre 1720 assunse *ad interim* la carica di governatore di Messina sostituendo il FML Wallis recatosi a Vienna. Promosso FML nel 1723, morì il 26 aprile 1729 lasciando un pingue legato a favore dell'ospedale *Maggiore* (o *S. Anna*) di Como.

Bibliografia: *Schmidt-Brentano*, p. 60; *Feldzüge*, Register-Band, p. 504; *Avvisi*, 9 ottobre 1720 (n. 169); LUDOVICO BALARDINI, *Relazione storico-statistica sugli Stabilimenti sanitarj della Città e Provincia di Como*, in *Annali universali di statistica, economia, storia, viaggi e commercio*, LIX (1/1839), Milano, Società degli Editori degli Annali Universali delle Scienze e dell'Industria, 1839, pp. 21-32, in particolare p. 23; *Campagne*, XVIII, p. 145, 172 suppl.

Rafael Nebot

(1665-1733). Nato a Riudoms (Tarragona), nel 1705 si unì col suo reggimento spagnolo di cavalleria, levato nel 1704 al servizio borbonico, all'insurrezione *austracista* catalana, divenendo nel 1707 *Sargento General de Batalla* (equivalente a GFWM). In esilio dal 1714, promosso FML nel 1723, morì a Vienna il 6 settembre 1733.

La sua presenza in Sicilia appare solo dagli *Avvisi* di Vienna: in data 13 giugno 1718 scrivono da Napoli essersi imbarcato il 6 giugno «passar à militar nella nostra Armata colà il Gen. Co. Nebot à questo fine venuto ultimamente da Vienna» mentre il 26 luglio 1721 si comunica da Fiume che «Hieri col ritorno d'un nostro Bastimento Nazionale da Manfredonia approdò il Sig. Generale Nabott [*sic*], da Sicilia per passare à Vienna».

Bibliografia: *Schmidt-Brentano*, p. 68 (Nebot, Rafael, Conde de); *Feldzüge*, Register-Band, p. 590; *Rafael Nebot i Font*, in *Gran enciclopèdia catalana*, edizione elettronica; *Avvisi*, 5 luglio 1719 (n. 111), 6 agosto 1721 n. 129.

Conte Stefano Orsetti

(1668-1720). Nato a Lucca da nobile famiglia, nel 1705 era tenente colonnello comandante il reggimento di corazzieri *Darmstadt*, colonnello nel 1709, impegnato nel 1711 contro i ribelli ungheresi. Fatto conte nel 1715 e promosso GFWM nel 1716, si distinse alla battaglia di Petrovaradin (5 agosto 1716) catturando un "trofeo" di cui fece dono alla Cattedrale di Lucca dove si trova tuttora. Fece poi parte del corpo Mercy nel Banato e si segnalò ancora alla battaglia di Belgrado (16 agosto 1717). Nel dicembre 1718 si trovava in Lombardia quando ebbe ordine di partire per Napoli avendo il FM richiesto un altro generale di cavalleria oltre al FML Eckh. Sbarcato in Sicilia col corpo del GdC Mercy, presenziò alla battaglia di Francavilla e partecipò all'avanzata su Messina. Il 15 ottobre 1718 fu distaccato a Milazzo per assicurare il controllo di quel territorio. Dopo la guerra fu destinato a Napoli, ma appena arrivatovi cadde gravemente ammalato e morì il 27 agosto 1720.

Bibliografia: *Schmidt-Brentano*, p. 71; *Feldzüge*, Register-Band, p. 622; *Avvisi*, 8 novembre 1719 (n. 199) e 7 agosto 1720 (n. 132); Campagne, XVIII, pp. 41, 177 suppl.; ALESSANDRO BEDINI, *Le gesta eroiche del conte lucchese ....*, in *Il Tirreno*, 22 ottobre 2002.

Luigi Peroni (o Perroni)

(+1741). Non si hanno molti dati biografici su questo generale. Dal 1698 al 1702 era tenente colonnello comandante il reggimento dragoni *Schlik*, divenne GFWM nel 1716. Il 10 dicembre 1719 fu posto dal GdC Mercy al comando delle truppe destinate a rinforzare il reggimento *Diesbach* che aveva rioccupato Taormina e il castello di Mola. Il 7 maggio 1720 fu uno dei due ostaggi scambiati con gli spagnoli per garantire l'esecuzione del trattato di evacuazione della Sicilia. Promosso FML nel 1733, morì nel 1741. Era forse parente del maggiore Nicola Peroni, quartiermastro generale del corpo del FML Bonneval e del GFWM conte Luigi Peroni caduto alla battaglia di Praga del 5 giugno 1757.

Bibliografia: *Schmidt-Brentano*, p. 71; *Feldzüge*, Register-Band, p. 622; Avvisi, 10 gennaio e 1 giugno 1720 (nn. 7, 94); *Feldzüge*, XVIII, p. 208 (parte omessa dal traduttore italiano); *Wrede*, III, p. 340.

Conte Carlo Giovanni Porcia e Brugnera (Portia und Brugnera)

(1683-1720). Apparteneva a una famiglia nobile del Friuli occidentale che diede diversi ufficiali all'esercito impe-

Tav. 33 Fanteria britannica imbarcata.

riale, ma non è stato possibile stabilire a quale ramo appartenesse. Come capitano prese parte alla battaglia di Luzzara (15 agosto 1702) restandovi ferito. Nel 1707 assunse il comando del reggimento a piedi *D'Arnant* trovandosi nel 1713 alla capitolazione di Landau. Promosso GFWM nel 1717, andò in Sicilia in data incerta. Viene citato solo in occasione della battaglia di Francavilla, alla quale prese parte nella colonna del FML Seckendorf.

Dagli *Avvisi* appare morto a Napoli il 7 luglio 1720: «Napoli, 9 luglio. Doppo [sic] un longo Periodo di penosissimo male sofferto dal Gen. di Battaglia Conte di Porcia Zio di questo Sig. Conte di tal nome Tenente della Guardia de' Svizzeri di Sua Emin. il Sig. Vice-Rè, cedette finalmente Domenica sera al debito di Natura». Una lettera del principe Eugenio in data 28 ottobre 1720 nomina il GFWM conte Portia tra i generali «morti nella scorsa estate».

Bibliografia: *Schmidt-Brentano*, p. 78 (lo chiama Karl Anton dicendolo morto l'11 agosto 1722); *Feldzüge*, Register-Band, p. 673; *Avvisi*, 15 luglio 1719 (n. 121), 31 luglio 1720 (n. 128); *Campagne*, XVIII, p. 177 suppl.; *Wrede*, I, p. 200

David Ludvig von Rohr (o Roor)

(+1719). Di origine probabilmente tedesca fu ufficiale del reggimento "capitolato" nel 1701 col principe-vescovo di Osnabrück, che combattè sul Reno, in Lombardia, in Piemonte e in Catalogna; passato nel 1713 nel Regno di Napoli, nel 1716 fu incorporato nell'esercito imperiale come *Carl Lothringen*. Nel 1708 Rohr assunse il comando del reggimento che lasciò nel 1717 quando divenne GFWM. Rimasto a Napoli, quando si seppe della comparsa della flotta spagnola davanti a Cagliari il FM Daun lo mandò a Orbetello per mettere in stato di difesa i "Presidi di Toscana". Rientrato a Napoli in agosto, Rohr ne partì quasi subito con truppe destinate a Reggio (Calabria). Inviato il 12 settembre a ispezionare le difesa della cittadella di Messina, vi fece ritorno il 17 con i rinforzi finalmente mandativi dal FZM Wetzel. Fatto prigioniero nel combattimento notturno del 28 settembre, ma presto liberato, andò a Milazzo. Barca lo definisce «molto elemosiniero (benché eretico)». Ferito mortalmente alla battaglia di Francavilla, spirò il 27 giugno 1719.

Bibliografia: *Schmidt-Brentano*, p. 83; *Feldzüge*, Register-Band, p. 723; *Avvisi*, 14 e 21 settembre, 5 ottobre, 19 e 26 ottobre, 2 novembre 1718 (nn. 154, 158, 166, 175, 179, 183), 15 e 26 luglio 1719 (nn. 121, 127); *Wrede*, I, pp. 218, 220; ALBERICO LO FASO DI SERRADIFALCO, *L'assedio di Messina, cit.*, pp. 493, 495; *L'assedio di Milazzo*, cap. VIII.

Marchese Egidio Orsini Roma

(1678-1761). Nato a Milano, apparteneva alla nobile famiglia milanese dei Roma che, scrive Ambrogio Palestra: «nel '600 circa aggiunse al nome originale il prenome Orsini, e non è ben chiaro con quale giustificazione giuridica ciò sia avvenuto». Questo permise loro di farsi chiamare «Orsini di Roma» (suggerendo una parentela con la grande casata romana) o addirittura «Orsini marchesi di Roma». Nominato da Filippo V capitano di cavalleria nel 1701, capitano della Milizia Urbana di Milano nel 1703, nel novembre 1707 passò al servizio asburgico e divenne colonnello del reggimento di corazzieri formato con parte delle compagnie della cavalleria dello Stato di Milano.

Sciolto nel settembre 1711 questo reggimento egli, andò a Napoli ad assumere il comando del reggimento di dragoni già comandato dal marchese Matteo Lucini. GFWM nel 1716, nel novembre 1718 andò in Sicilia al seguito del FZM Zum Jungen, passando presto in Calabria a comandarvi la cavalleria evacuata da Milazzo per mancanza di foraggi. Raggiunto in Sicilia il GdC Mercy assistè alla battaglia di Francavilla al comando della retroguardia lasciata a protezione dei bagagli. Verso la fine del 1719 tornò in Calabria ancora a comandarvi la cavalleria affluitavi dalla Sicilia.

Promosso FML nel 1723, nel febbraio 1731 subentrò al FZM Wallis come comandante generale delle truppe in Sicilia; quando gli spagnoli sbarcarono di nuovo nel 1734, assunse il comando di Siracusa, capitolando il 2 giugno 1735. GdC nel 1741 e FM nel 1754, morì a Milano il 4 agosto 1761.

Bibliografia: *Schmidt-Brentano*, p. 71; *Feldzüge*, Register-Band, p. 724; *Gaceta de Madrid*, 2 gennaio 1712; *Avvisi*, 30 novembre 1718 (n. 200), 28 gennaio, 28 giugno 1719 (nn. 18, 108), 28 febbraio, 7 dicembre 1720 (nn. 37, 207), 19 novembre e 3 dicembre 1721 (nn. 189, 196); AMBROGIO PALESTRA, *Prefazione*, in *Casa Orsini di Roma in Abbiategrasso*, Abbiategrasso (MI), Banca Popolare di Abbiategrasso, 1978, pp. 13-21; AMBROGIO PALESTRA, *Prefazione*, in *Casa Orsini di Roma in Abbiategrasso*, Abbiategrasso (MI), Banca Popolare di Abbiategrasso, 1978, pp. 13-21.

Samuel von Schmettau

(1684-1751). Nato a Berlino, intraprese la carriera di mercenario 15 anni, prendendo servizio in un reggimento danese di corazzieri. Passato nel 1703 in uno di dragoni del margavio di Anspach, a Malplaquet (11 settembre 1709) era tenente colonnello e aiutante generale del principe ereditario di Hessen-Kassel. Entrato nel 1714 al servizio di Augusto II re di Polonia ed elettore di Sassonia fu promosso colonnello nel 1716, l'anno seguente passò nell'esercito imperiale, partecipando alla battaglia di Belgrado (16 agosto 1717). Nel 1719 divenne GFWM e quartiermastro generale del corpo del GdC Mercy dirigendo anche gli ingegneri. Distintosi all'assedio della cittadella di Messina, restò ferito nel combattimento del 17 settembre 1719. Nel novembre 1720 partì «per terra à far un giro di questo Regno, affine di visitare le Fortezze, e fare con ogni accuratezza una Carta del Paese».

Nel 1732 fece parte del corpo austriaco mandato in Corsica al soldo della Repubblica di Genova. Promosso FML nel 1733, durante la guerra di successione polacca combattè sul Reno diventando FZM nel 1735. Prese parte alle campagne dal 1737 al 1739 contro gli ottomani. FM nel 1741, passò al nemico in piena guerra; tuttavia i prussiani, non fidandosene, preferirono impiegarlo come diplomatico presso l'imperatore Carlo VII, che gli conferì il titolo di conte dell'Impero. Morì a Berlino il 18 agosto 1751.

Bibliografia: *Schmidt-Brentano*, p. 90; *Feldzüge*, Register-Band, p. 784; *Wurzbach*, XXX (1875), pp. 188-191: BERNARD VON POTEN, *Schmettau, Samuel Graf von*, in

▲ *Il Conte Antonio Sormani (Lombardia Beni Culturali)*

ADB, XXXI (1890), pp. 644-647; *Avvisi*, 15 luglio, 20 settembre, 14 ottobre 1719 (nn. 121, 165, 183), 7 dicembre 1720 (n. 207); *Campagne*, XVIII, p. 90 suppl.

Francisco Schober (o Chobert)

Generale proveniente dal servizio spagnolo e noto sotto diversi nomi. Durante la guerra di successione spagnola combattè in Catalogna ed ebbe il comando del reggimento di fanteria "alemanna" delle forze spagnole *austraciste*. Nel 1712 figura in una lista di generali come GFWM. Dal 1712 fu in Sardegna, passando a Napoli nel luglio 1717. Nell'agosto 1718 come comandante delle truppe in Calabria cercò di agevolare in ogni modo il marchese d'Andorno, comandante della cittadella di Messina, che gliene diede atto scrivendo al re Vittorio Amedeo. Mandato nella cittadella il 17 con i rinforzi, il 29 settembre fu tra i firmatari del verbale del consiglio di guerra che ritenne inevitabile la capitolazione. Nel 1719 era comandante di Reggio (Calabria). Mancano ulteriori notizie.

Bibliografia: *Feldzüge*, Register-Band, p. 786; *Portionen Buch*, p. 198; *Avvisi*, 28 luglio 1717 (n. 123), 26 ottobre 1718 (n. 179), 3 giugno 1719 (n. 92); VITTORIO EMANUELE STELLARDI, *Il regno di Vittorio Amedeo II*, III, *cit.*, pp. 340, 342, 418, 420; *Castellví*, IV, p. 605; ALBERICO LO FASO DI SERRADIFALCO, *L'assedio di Messina*, *cit.*, pp. 475, 494-495.

Conte Ottokar Starhemberg

(1681-1733). Nato a Linz, nel 1707 tenente colonnello (poi colonnello) del reggimento a piedi *Max Starhemberg*, col quale combattè in Piemonte e Savoia e nel 1712 prese parte alla conquista dei "Presidi di Toscana". Nel 1713 sul fronte del Reno. Promosso GFWM nel 1717, fu ferito alla battaglia di Belgrado (16 agosto 1717). Nella primavera del 1719 lasciò l'Ungheria con due reggimenti diretto in Sicilia, unendosi all'esercito del GdC

Mercy in tempo per partecipare alla battaglia di Francavilla. Prese poi parte agli assedî di Messina e della sua
cittadella, restando leggermente ferito l'8 ottobre. Il 28
dicembre salpò da Messina con cinque battaglioni e i dragoni *Tige* arrivando a Trapani in pochi giorni. Prese poi
parte alla marcia su Palermo e fu uno dei plenipotenziari
che stipularono il trattato di evacuazione dell'isola. Dopo
la guerra ebbe il comando del «così detto *Castell al mare*»
di Palermo su proposta del principe Eugenio, che lo giu-
dicava « assennato e fido». FML nel 1723, comandante generale in Boemia e comandante della città di Praga nel
1730, vi morì l'11 luglio 1733.

Bibliografia: *Schmidt-Brentano*, p. 97; *Feldzüge*, Register-Band, p. 834; JOHANN SCHWERDLING, *Geschichte des
Hauses Starhemberg*, Linz, Joseph Feichtinger's, Wittwe,
1830, pp. 361-362; *Wurzbach*, XXXVII (1878), p. 189: Avvisi, 7 giugno, 15 luglio, 23 agosto, 4 novembre 1719 (nn. 94,
121, 146, 196), 10 e 22 febbraio, 22 maggio 1720 (nn. 25, 30,
88); *Campagne*, XVIII, pp. 59, 173-174 suppl.

Tarma

Un generale di questo nome figura nella tabella intitolata
«Ordre de Bataille dell'Armata di Sua Maestà Imperiale
e Cattolica in Sicilia, quando da Castelvetrano marciò al
nemico, li 5 aprile 1720», ma non compare nel repertorio
di Antonio Schmidt-Brentano o altrove: neppure la *Regi-
ster-Band* di Alphons von Wrede lo cita. Si tratta probabilmente di un nome trascritto male.

▲ *Il marchese Annibale Visconti* (Lombardia Beni Culturali).

Bibliografia: *Campagne*, XVIII, app. 13,

Johann Franz von Tillier

(1662-1739). Nato a Berna, entrò nel 1677 in un reggimento svizzero al soldo delle Province Unite (gli attuali
Paesi Bassi), passando nel 1701 al servizio imperiale. Colonnello nel 1710, si fece cattolico nel 1714 e fu nobilita-
to nel 1715. GFWM nel 1716, combattè in Ungheria fino al 1718. Addetto nel 1719 al corpo del FML Bonneval,
nel 1720 prese parte alla marcia su Palermo. FML nel 1723, comandante della fortezza di Petrovaradin nel 1725,
barone dell'Impero nel 1729, infine comandante di Freiburg in Brisgau ove morì il 29 marzo 1739.

Bibliografia: *Schmidt-Brentano*, p. 102; *Feldzüge*, Register-Band, p. 871; THOMAS VON GRAFFENRIED, *Tillier,
Johann Franz*, in *Historisches Lexikon der Schweiz*, edizione elettronica.

Barone Peter von Wobeser

(+1721?). Di origine ignota, all'inizio della guerra di successione spagnola tentò di costituire un reggimento a
piedi che non riuscì a completarsi e fu incorporato nel reggimento *Virmond*, di cui Wobeser ebbe il comando
dal 1705 al 1711 come tenente colonnello e poi colonnello, combattendo i ribelli ungheresi. Ebbe poi un comando in Transilvania e fu promosso GFWM nel 1716. Nella guerra contro gli ottomani fu all'assedio di Belgrado
e nel Banato. Nel settembre 1719 ebbe ordine di portarsi in Sicilia, dove rimase agli ordini del FML Wallis
governatore di Messina. Nel febbraio 1720 respinse gli spagnoli che si erano impadroniti di Giardini (Naxos).
Trasferito a Napoli nell'ottobre 1720, dopo il 1721 non se ne hanno più notizie.

Bibliografia: *Schmidt-Brentano*, p. 111; *Feldzüge*, Register-Band, p. 970; *Campagne*, XVIII, pp. 168, 77, 177 suppl.;
Wrede, I, p. 226 e II, p. 179.

APPENDICE II
REGGIMENTI PRESENTI IN ITALIA NEL 1717-1720

Sono nominati tutti i reggimenti di fanteria, cavalleria, dragoni ed ussari presenti in Italia durante la guerra, compresi quelli che non ebbero occasione di combattere[77]. Non esistendo un ordine fisso di precedenza, i reggimenti sono elencati in ordine alfabetico. All'epoca non si teneva conto della nazionalità di un reggimento (Wrede ha premesso al nome di tutti i reggimenti citati nella sua grande opera *Geschichte der K. und K. Wehrmacht* l'indicazione della nazionalità solo per ragioni di opportunità).

Le sigle che seguono i nomi sono quelle usate da Tessin in *Die Regimenter der europäischen Staaten in* Ancien Régime *des XVI. bis XVIII. Jahrhunderts*, libro divenuto ormai il riferimento *standard* in materia (per i reggimenti "capitolati" e poi incorporati nell'esercito imperiale la sigla di Tessin non fa riferimento all'anno di fondazione del reggimento, ma a quello del suo passaggio definitivo al servizio imperiale).

Purtroppo ragioni di spazio hanno imposto di ridurre al minimo i riferimenti bibliografici. In molti casi il testo si discosta da quanto scritto in Wrede, sia in seguito a ricerche d'archivio, sia per notizie reperite in fonti affidabili, in particolare gli *Avvisi*.

REGGIMENTI DI FANTERIA

IR Anspach   Tessin 1724/ 2

Colonnello: GFWM Carl Wilhelm Friedrich principe ereditario di Brandenburg-Anspach.
Reggimento "capitolato" per dieci anni nel 1717 col margravio di Anspach[78]. Incorporato nell'esercito imperiale allo spirare della capitolazione. Nel 1769 numero 26. Sciolto nel 1918.
1716-1718 Guerra contro gli ottomani. Partito il 15 luglio 1718 da Belgrado, imbarcato a San Pier d'Arena il 24 ottobre per Milazzo (due battaglioni e due compagnie granatieri). Arrivato in condizioni pietose, dopo un viaggio travagliato dal maltempo.
Assedio di Milazzo. Presa di Lipari (i granatieri). Battaglia di Francavilla (due battaglioni e due compagnie granatieri). Assedî di Messina e della sua cittadella. Imbarcato per Trapani il 22 novembre 1719. Marcia su Palermo (due battaglioni e due compagnie granatieri). Partito da Palermo il 14 ottobre 1720 diretto nella Germania meridionale.

IR Baden-Durlach   Tessin 1724/ 1

Colonnello: FM Carl Wilhelm margravio di Baden-Durlach.
Reggimento "capitolato" nel 1714 col margravio di Baden-Durlach. Incorporato nell'esercito imperiale nel 1724. Nel 1769 numero 49. Sciolto nel 1918.
1716-1718 guerra contro gli ottomani. Andato in Lombardia nell'estate 1718. Salpato da Vado (Ligure) col FML Bonneval il 28 settembre 1719 (due battaglioni e due compagnie granatieri). Assedio della cittadella di Messina (ultime fasi). A Trapani in data imprecisata. Marcia su Palermo (due battaglioni e due compagnie granatieri). Imbarcato nell'agosto 1720 diretto in Lombardia.

IR Bagni   Tessin 1672/ 8

Colonnello: FM conte Scipione Bagni.
Costituito nel 1672, nel 1769 ebbe il numero 25. Esistito fino al 1918.
1716-1718 guerra contro gli ottomani. Nel 1718 di presidio a Freiburg in Brisgau (Germania meridionale). Diretto in Lombardia nel settembre 1719, arrivando a Mantova in novembre forte di 1.600 uomini. Destinato per

---

77   Sono esclusi il reggimento *Somaglia* di guardie a cavallo e il battaglione *Valderis* di presidio nel castello di Milano, che non facevano parte delle forze mobili e per i quali si rinvia al testo. Il reggimento *Pius Prinz von Savoyen* (citato in *Wrede*, II, p. 182) non è mai esistito: fu il battaglione del tenente colonnello Estopiñan a essere incorporato nel 1718 nel reggimento di marina di Napoli (v. *infra*, *Barbon*).

78   All'inizio del XVIII secolo l'antico nome "Onoltzbach" cominciò a essere rimpiazzato da "Anspach" (o "Ansbach"). Per la denominazione "Anspach" del reggimento v. *Avvisi*, 28 aprile 1717 (n. 69) e altri.

Tav. 34 Moschettieri dei reggimenti Löffelholz e Ottokar Starhemberg.

il Regno di Napoli, non sembra abbia mai lasciato la Lombardia.

IR Barbon   Tessin 1715/ 5

Colonnello: Manuel de Barbon

Costituito a Milano nel maggio 1707 nell'esercito di quel ducato con soldati spagnoli passati al servizio asburgico. Partito per la Spagna nel luglio 1711 (13 compagnie), ritornando in Lombardia nel settembre 1713. Imbarcato per la Sardegna nel marzo 1714, in luglio aveva 14 compagnie e 1.158 uomini. Il reggimento era formato in prevalenza da catalani e valenciani, ma stando sull'isola reclutava anche sardi, equiparati agli spagnoli da Filippo II nel 1560.

Nell'aprile 1717 Carlo VI ordinò di ridurlo a 500 uomini, incorporando il resto nel reggimento di Marina di Napoli che non riusciva a completarsi. La riforma fu effettuata nel giugno 1718 dal marchese Rubí, nuovo viceré di Sardegna: nove compagnie (535 uomini) partirono per Napoli col colonnello Barbon, le altre cinque (540 uomini) rimasero sull'isola formando un battaglione comandato dal tenente colonnello Vicente Estopiñan, valenciano. Sbarcati gli spagnoli, tre compagnie presero parte alla difesa di Cagliari, le altre a quelle di Alghero e Castel Aragonese (oggi Castelsardo). Falcidiato dalle diserzioni, il battaglione potè lasciare l'isola e portarsi in Lombardia. Il 15 febbraio 1718 fu ordinato di scioglierlo, mandando a Napoli ufficiali e soldati spagnoli per incorporarsi nel reggimento di marina e passando gli altri al reggimento *Luccini*.[79]

IR Bayreuth   Tessin 1734/ 1

Colonnello: FM Georg Wilhem magravio di Brandenburg-Bayreuth.

Reggimento "capitolato" nel 1701 col margravio di Bayreuth. La capitolazione fu rinnovata fino al 1734 quando fu incorporato nell'esercito imperiale. Nel 1769 numero 41. Sciolto nel 1918.

In Lombardia nel 1717. Imbarcato per Milazzo nell'ottobre 1718 col FML Wachtendonk. Assedio di Milazzo. Presa di Lipari (un distaccamento). Battaglia di Francavilla (un battaglione e una compagnia granatieri). Occupazione di Taormina. Assedî di Messina e della sua cittadella. Il 15 ottobre di presidio a Milazzo (un distaccamento a Lipari) restandovi fino al termine del conflitto. Rimasto di guarnigione in Sicilia.

IR Browne   Tessin 1689/ 1

Colonnello: FML Georg barone Browne de Camus

Costituito nel 1689. Nel 1769 numero 57. Sciolto nel 1918.

1716-1718 guerra contro gli ottomani. Diretto in Lombardia nell'estate 1718. Salpato da Vado (Ligure) col FML Bonneval il 28 settembre 1719 (due battaglioni e due compagnie granatieri). Assedio della cittadella di Messina (ultime fasi). Sbarcato a Trapani nel gennaio 1720. Marcia su Palermo (due battaglioni e due compagnie granatieri). Partito nell'estate 1720 per tornare in Lombardia.

IR Gyulai   Tessin 1702/ 9

Colonnello: GFWM conte Franz Gyulai.

Costituito nel 1702 come reggimento di aiduchi, ottenne nel 1718 uno *status* uguale agli altri reggimenti, mantenendo però la denominazione "aiduchi" fino alla morte di Carlo VI (1740). Nel 1769 numero 51. Sciolto nel 1918.

In Lombardia nel 1717. Il 28 settembre 1719 un battaglione (con una compagnia granatieri) salpò da Vado (Ligure) col FML Bonneval. Assedio della cittadella di Messina (ultime fasi). Sbarcato a Trapani nel gennaio 1720. Marcia su Palermo (un battaglione e una compagnia granatieri). Partito nell'estate 1720 per tornare in Lombardia.

IR Hessen-Kassel   Tessin 1717/ -

Colonnello: GFWM Maximilian principe di Hessen-Kassel.

Reggimento "capitolato" per tre anni nel 1717 col langravio di Hessen-Cassel, formandosi rapidamente con soldati già in servizio.

---

79   ASMi, Militare, Parte Antica, n. 208 e Registri delle Cancellerie dello Stato, XXXIV-7, XXXIV-8; *Wrede*, II, p. 182; *Avvisi*, 28 luglio 1717 (n. 123); Giuseppe Cossu, *Della città di Cagliari, cit.*, pp. 121-122; *Campagne*, XVIII, pp. 12-13, 16; *Castellví*, IV, p. 605; Mario Döberl, *La visita generale, cit.*, p. 234.

Lasciata Kassel nel maggio 1717. 1717-1718 guerra contro gli ottomani. Partito da Belgrado il 15 luglio 1718 diretto in Lombardia. Nel gennaio 1719 in marcia per Napoli, arrivandovi il 22 marzo. Salpato da Baia il 23 giugno col GdC Mercy. Battaglia di Francavilla (tre battaglioni e due companie di granatieri). Assedî di Messina e della sua cittadella. Imbarcatosi per Trapani il 22 novembre 1719. Marcia su Palermo (tre battaglioni e due companie di granatieri). Imbarcatosi a Palermo il 9 luglio 1720, "restituito" al langravio essendo spirata la capitolazione. Sbarcato il 21 a San Pier d'Arena, intraprese il 25 la marcia per tornare a Kassel attraversando il territorio dei Grigioni.

IR Holstein (*recte* Holstein-Beck, poi Diesbach)   Tessin 1681/ 2

Colonnelli: FML Friedrich Wilhelm duca di Holstein-Beck, ferito mortalmente a Francavilla e spirato il 26 giugno 1719; GFWM Conte Frédéric de Diesbach (da luglio).

Costituito nel 1681. Nel 1769 numero 29. Sciolto nel 1918.

1716-1718 guerra contro gli ottomani. Mandato in Lombardia nell'estate 1718, arrivandovi a fine ottobre. Nel gennaio 1719 in marcia per Napoli, arrivandovi a metà marzo. Salpato da Baia il 23 giugno col GdC Mercy. Battaglia di Francavilla (tre battaglioni e due companie di granatieri). Divenuto *Diesbach*. Assedî di Messina e della sua cittadella. Rioccupazione di Taormina e Castel Mola. Andato a Trapani in data imprecisata. Marcia su Palermo (due battaglioni e i granatieri). Un battaglione a Messina, occupando nel maggio 1720 Augusta e Catania. Rimasto di guarnigione in Sicilia.

IR Königsegg   Tessin 1701/ 3

Colonnello: FZM Lothar conte von Königsegg-Rothenfels.

Costituito nel 1701 e sciolto nel 1720.

In Lombardia nel 1717. Mandato in Sicilia nel settembre 1718 (due battaglioni e una compagnia di granatieri). Salpato per Milazzo il 23 ottobre da San Pier d'Arena. Assedio di Milazzo. Presa di Lipari (i granatieri). Battaglia di Francavilla (un battaglione e una compagnia granatieri). Assedî di Messina e della sua cittadella. Imbarcato per Trapani il 22 novembre 1719. Combattimento di Ribera (un distaccamento). Marcia su Palermo (due battaglioni, due compagnie granatieri). Sciolto dopo la guerra, essendo il più esiguo, per completare i reggimenti destinati a restare in Sicilia.

IR Laimpruch   Tessin 1709/ 3

Colonnello: GFWM barone Franz Carl von Laimpruch zu Epurg.

Costituito nel 1709. Nel 1769 numero 22. Sciolto nel 1918.

Nella Germania meridionale nel 1717, andato in Lombardia nel 1718. Il 28 settembre 1719 un battaglione (con una compagnia granatieri) salpò da Vado (Ligure) col FML Bonneval. Assedio della cittadella di Messina (ultime fasi). Rimastovi di presidio in quanto decimato dalle malattie. Partito nell'agosto 1720 per tornare in Lombardia.

IR Langlet   Tessin 1709/ 4

Colonnello: GFWM barone Philipp von Langlet.

Costituito nel 1709 e sciolto nel 1721.

Nella Germania meridionale nel 1717, andato in Lombardia nel 1718. Salpato da Vado (Ligure) col FML Bonneval il 28 settembre 1719 (due battaglioni e due compagnie granatieri). Assedio della cittadella di Messina (ultime fasi). Sbarcato a Trapani nel gennaio 1720. Marcia su Palermo (due battaglioni e due compagnie granatieri). Partito nell'agosto 1720 per tornare in Lombardia.

IR Löffelholz   Tessin 1693/ -

Colonnello: FZM barone Georg Wilhelm von Löffelholz-Colberg, morto il 12 agosto 1719 (il posto rimase vacante per il resto del conflitto).

Costituito nel 1693. Sciolto nel 1741 dubitandosi della sua fedeltà essendo il colonnello FM von Schmettau passato al nemico.

1716-1718 guerra contro gli ottomani. Postosi in marcia per il Regno di Napoli all'inizio del 1719. Un battaglione sbarcato a Manfredonia l'11 aprile 1719 e partito col GdC Mercy, l'altro unitosi all'esercito poco prima della partenza dal campo di Merì. Battaglia di Francavilla (due battaglioni e una compagnia granatieri; altra compagnia granatieri arrivata dopo la battaglia). Assedî di Messina e della sua cittadella. Imbarcatosi poi per Trapani col FZM Zum Jungen. Marcia su Palermo (due battaglioni e due compagnie granatieri). Imbarcatosi a Palermo il 14 ottobre 1720 per Napoli.

IR Carl Lothringen   Tessin 1716/ 1
Colonnello: Carl principe di Lorena.
Reggimento "capitolato" nel 1701 col principe-vescovo di Osnabrück. Incorporato nell'esercito imperiale nel 1716. Nel 1769 numero 15. Sciolto nel 1918.
A Gaeta nel 1717. In ottobre un distaccamento in Sardegna. Nell'agosto 1718 in Calabria (due battaglioni e due compagnie granatieri), primi di ottobre a Milazzo (non un battaglione e una compagnia come scrive Wrede). Battaglia e assedio di Milazzo. Presa di Lipari (un distaccamento e i granatieri). Battaglia di Francavilla (un battaglione e una compagnia granatieri). Assedî di Messina e della sua cittadella. A Trapani in data imprecisata. Marcia su Palermo (un battaglione, due compagnie granatieri). Tornato a Gaeta a guerra finita.

IR Luccini (recte Lucini)   Tessin 1707/ 1
Colonnello: GFWM Marchese Matteo Lucini.
Derivava dal *tercio* di fanteria lombarda del conte Francesco Bonesana, costituito nel ducato di Milano nel 1689 e riorganizzato come reggimento nel 1701. Passato nel 1707 al servizio asburgico, ebbe nome *Taaff* nel 1710 e *Luccini* nel 1712. Imbarcatosi nel settembre 1707 a Finale per la Spagna, rimanendovi sei anni. Tornato in Lombardia, il 18 settembre 1713 Carlo VI ordinò di porlo «sobre el piè Aleman» a partire dal 1° novembre. Rimasto incompleto per difficoltà di reclutamento. Nel 1715 l'organico prevedeva tredici compagnie e 1.500 uomini. Nel maggio 1717 l'effettivo era di appena 800 uomini. L'invio coatto di reclute ai reggimenti *Ahumada* e *Aldaudete* in Ungheria non favoriva gli arruolamenti. Quando gli spagnoli sbarcarono in Sardegna giunse a Milano l'ordine di mandarvi come rinforzo 300 uomini del reggimento, ma considerando il suo scarso numero il comandante delle truppe, FM Visconti, ottenne di sostituirli con i dragoni *Hamilton*.
In settembre il governatore di Milano, principe di Löwenstein, fece «marchiar alcune Milizie del Reggimento Lucini [sic] verso li Confini di Piacenza»[80]. Il 20 ottobre 1717 il Consiglio Aulico di guerra ordinò al governatore di Milano di completare il reggimento. Malgrado il ricorso al reclutamento forzoso di delinquenti e vagabondi, il 2 giugno 1719 le quattro compagnie nuove si stavano ancora formando, mancando anche di armi e vestiario. Nel 1718 fu organizzato un battaglione a pieno organico (742 uomini compresa una compagnia ganatieri) comandato dal tenente colonnello Corrado Planta, già del reggimento grigione *Buol* (munito di patente di colonnello dal 15 dicembre 1713) per unirlo al corpo del FML Bonneval. Il battaglione arrivò a Messina il 10 ottobre in tempo per partecipare all'assalto sferrato il 18 contro la cittadella, dove Planta ricevette una grave ferita. Rimasto alcuni mesi di presidio nella cittadella, il 1° gennaio 1720 il battaglione aveva un effettivo di 588 uomini. Andato a Trapani in data imprecisata. Marcia su Palermo. Dopo la guerra i due battaglioni rimasti in Lombardia andarono a Palermo arrivandovi il 26 agosto 1720. Il reggimento contava allora 1.370 uomini. Sciolto nel 1721 per la scarsità di arruolamenti, i soldati residui andarono in Ungheria a incorporarsi nel reggimento *Marulli*.[81]

IR Nesselrode (poi Seckendorf)   Tessin 1682/11
Colonnelli: GFWM Johann Hermann von Nesselrode, nominato «commissario di guerra supremo»; FML barone Friedrich Heinrich von Seckendorf (dal febbraio 1719).

---

80   *Avvisi*, 22 settembre 1717 (n. 160): equivocando, in *Tra i Borboni e gli Asburgo* (cit., pp. 57) si scrive che il reggimento «fu prestato al Duca di Parma per sostituire a Piacenza le compagnie parmensi inviate in Dalmazia».
81   ASMi, Registri delle Cancellerie dello Stato XXXIV–7, XXXIV-8, XXXIV-10; *Wrede*, II, p. 194; *Avvisi*, 22 settembre, 17 novembre 1717 (nn. 160, 192), 8 novembre 1719 (n. 199); *Feldzüge*, XVIII, p. 236; *Campagne*, XVIII, pp. 15, 20, 47, 166, 184-185; GIANCARLO BOERI - JOSÉ LUIS DE MIRECKI QUINTERO - JOSÉ PALAU, *The Spanish Armies in the War of the League of Augsburg*, cit., p. 17.

Costituito nel 1682. Nel 1769 numero 22. Sciolto nel 1918.

A Napoli (città) nel 1717. In ottobre un distaccamento in Sardegna. Nell'agosto 1718 un battaglione e una compagnia granatieri in Calabria, primi di ottobre a Milazzo. Battaglia di Milazzo (solo i granatieri, il battaglione inutilizzabile avendo perso molti fucili nel tragitto via mare). Assedio di Milazzo. Divenuto *Seckendorf*, un secondo battaglione e l'altra compagnia granatieri sbarcato in Sicilia col GdC Mercy. Presa di Lipari (un distaccamento, forse anche i granatieri). Battaglia di Francavilla (un battaglione e una compagnia granatieri).

▲ *Un reggimento di dragoni in esercitazione: particolare con la compagnia granatieri a cavallo. Notare i berrettoni di pelo d'orso (Collezione privata).*

Difesa del Castello di Sant'Alessio (un distaccamento). Assedî di Messina e della sua cittadella. Rimasto nella Sicilia orientale. Tornato a Napoli a fine agosto 1720.

IR O'Dwyer   Tessin 1694/ 1
Colonnello: GFWM conte Johann Joseph O'Dwyer.
Costituito nel 1694 e sciolto nel 1747 (come *Kheul*) essendo stato quasi annientato dai genovesi nel dicembre 1746.
Nel 1717 in Lombardia. Messo in marcia per Napoli il 15 agosto 1718, arrivandovi il 18 ottobre (tre battaglioni e due compagnie di granatieri, appena 1.400 uomini). Imbarcato il giorno stesso e giunto a Milazzo il 24. Assedio di Milazzo. Presa di Lipari (un distaccamento). Battaglia di Francavilla (un battaglione e una compagnia di granatieri). A Francavilla morto il comandante colonnello Fritsch. Assedî di Messina e della sua cittadella. Rimasto di guarnigione a Messina. Lasciata la Sicilia verso la metà di ottobre 1720 diretto a Napoli.

IR Guido Starhemberg   Tessin 1642/ 9
Colonnello: FM conte Guidobald Starhemberg.
Costituito nel 1642. Nel 1769 numero 13. Sciolto nel 1809.
1716-1717 guerra contro gli ottomani. Partito nel gennaio 1718 per il Regno di Napoli (tre battaglioni e tre compagnie granatieri). Imbarcato a Fiume e sbarcato a Vasto per il maltempo, arrivato a Napoli ai primi di maggio 1718. In agosto un battaglione (con una compagnia granatieri) a Reggio (Calabria), trasferito a Milazzo in ottobre. Battaglia e assedio di Milazzo. Presa di Lipari (i granatieri). Un altro battaglione (con la seconda compagnia granatieri) sbarcato in Sicilia col GdC Mercy. Battaglia di Francavilla (un battaglione e una compagnia granatieri). Assedî di Messina e della sua cittadella. Un battaglione e due compagnie granatieri imbarcati per Trapani il 16 dicembre 1719: marcia su Palermo. Ritornato a Napoli nell'agosto 1720.

IR Max Starhemberg   Tessin 1662/ 3
Colonnello: FZM conte Maximilian Adam Starhemberg.
Costituito nel 1662. Nel 1769 numero 24. Sciolto nel 1918.
1716-1717 guerra contro gli ottomani. Partito nel gennaio 1718 per il Regno di Napoli (tre battaglioni e tre compagnie granatieri). Imbarcato a Fiume e sbarcato a Manfredonia, arrivato a Napoli ai primi di aprile 1718. In agosto a Reggio (Calabria) (due battaglioni e due compagnie granatieri), trasferito a Milazzo in ottobre. Battaglia e assedio di Milazzo (un altro battaglione arrivato da Napoli il 19 novembre). Presa di Lipari (un

distaccamento). Battaglia di Francavilla (un battaglione e una compagnia di granatieri). Assedî di Messina e della sua cittadella. Andato a Trapani col FZM Zum Jugen. Marcia su Palermo (due battaglioni e due compagnie granatieri). Imbarcato il 7 settembre 1720 diretto a Napoli (il numero dei battaglioni andati in Sicilia è controverso, per Wrede uno di essi rimase sempre a Napoli).

IR Ottokar Starhemberg Tessin 1682/15

Colonnello: GFWM conte Ottokar Starhemberg.

Costituito nel 1682. Nel 1769 numero 59. Sciolto nel 1918 (Il famoso *Salzburger Infanterie-Regiment "Erzherzog Rainer"* della prima guerra mondiale).

1716-1718 guerra contro gli ottomani, poi di presidio nel Banato e in Serbia. Postosi in marcia per Napoli nel gennaio 1719. Un battaglione e una compagnia granatieri entrati a Napoli il 27 aprile 1719 e partito da Baia col GdC Mercy; l'altra compagnia granatieri riunitisi all'esercito il 15 giugno al campo di Merì. Battaglia di Francavilla (un battaglione e due compagnie granatieri). Due battaglioni giunti a Taormina il 4 luglio. Assedî di Messina e della sua cittadella. Un battaglione rimasto a Messina, l'altro con i granatieri andato a Trapani in data imprecisata. Marcia su Palermo (due battaglioni e due compagnie granatieri). Rimasto in Sicilia.

IR Toldo Tessin 1711/ 1

Colonnello: FML barone Bartholomäus Toldo de Beda.

Costituito nel 1711. Sciolto nel 1720.

A Capua e Gaeta nel 1717. In ottobre un distaccamento in Sardegna. Nell'agosto 1718 un battaglione e una compagnia granatieri in Calabria, primi di ottobre a Milazzo. Battaglia e assedio di Milazzo. Un secondo battaglione e l'altra compagnia granatieri sbarcati in Sicilia col GdC Mercy. Battaglia di Francavilla (un battaglione e una compagnia granatieri). Assedî di Messina e della sua cittadella. Di presidio nella cittadella di Messina. Partito dalla Sicilia dopo la guerra. Sciolto per rinforzare i reggimenti stanziati nel Regno di Napoli.

IR Traun Tessin 1709/ 5

Colonnello: conte Otto Ferdinand von Abensberg und Traun.

Costituito nel 1709. Sciolto nel 1748.

Nel 1717 in Lombardia. Nel settembre 1718 dislocato nel parmigiano ricevette ordine di incamminarsi verso Genova a imbarcarsi per la Sicilia: essendo però assai «scarso di forza» fu sostituito dal reggimento *Hessen-Kassel*. Nel febbraio 1719 si pose in marcia per il regno di Napoli, giungendo a Capua il 17 aprile. Imbarcatosi a Baia col GdC Mercy, formato su tre battaglioni e due compagnie granatieri, ma con appena 879 uomini. Battaglia di Francavilla. Assedî di Messina e della sua cittadella. Contratto a due battaglioni e posto di presidio nella cittadella di Messina. Nel maggio 1720 occupa Siracusa evacuata dai sabaudi. Rimasto in Sicilia.

IR Virmond Tessin 1703/ 1

Colonnello: FZM conte Damian Hugo von Virmond.

Costituito nel 1703. Nel 1769 numero 16. Sciolto nel 1918.

1716-1718 guerra contro gli ottomani. Nel 1718 di presidio nella Germania meridionale. Diretto in Lombardia nel settembre 1719, arrivando a Como in dicembre. Destinato per il Regno di Napoli, non sembra abbia mai lasciato la Lombardia.

IR Alt-Wallis Tessin 1682/16

Colonnello: FML conte Georg Olivier von Wallis.

Costituito nel 1682. Denominato *Wallis* nel 1704, divenuto *Alt-Wallis* nel 1715 per la formazione del reggimento *Jung-Wallis* del conte Franz Paul von Wallis (Tessin 1715/ 2)[82]. Sciolto nel 1748.

A Napoli (città) nel 1717. In ottobre un distaccamento in Sardegna. Nell'agosto 1718 in Calabria (due battaglioni e due compagnie granatieri), primi di ottobre a Milazzo. Battaglia e assedio di Milazzo. Presa di Lipari (un distaccamento). Battaglia di Francavilla (un battaglione e una compagnia granatieri). Assedî di Messina e della sua cittadella, durante i quali subì gravi perdite (il comandante colonnello conte Carl Hamilton morì

---

82   Questo reggimento divenne *Geyer* nel 1718 e il conte Franz Paul von Wallis ne ebbe un altro che a sua volta fu noto come *Jung-Wallis* (Tessin 1683/8).

il 17 agosto). Rimasto di guarnigione in Messina. Tornato a Napoli alla fine dell'agosto 1720.

IR Wetzel (poi **Bettendorf**)   Tessin 1685/ 2
Colonnello: FZM barone Johann Adam von Wetzel, morto il 4 aprile 1720; colonnello barone Philipp Ludwig Bettendorf.
Reggimento "capitolato" nel 1674 col principe-vescovo di Würzburg. Incorporato nell'esercito imperiale nel 1685. Nel 1769 numero 42. Sciolto nel 1918.
1716-1717 guerra contro gli ottomani. Partito nel gennaio 1718 per il Regno di Napoli (tre battaglioni e tre compagnie granatieri, appena 1.400 uomini in tutto). Imbarcato a Fiume e sbarcato a Manfredonia il 28 aprile. Arrivato a Napoli il 16 maggio, salpato il 6 agosto con due battaglioni e i granatieri su alcune tartane assieme alla squadra dell'ammiraglio Byng. Sbarcato a Reggio (Calabria) il 10 agosto, trasferito a Milazzo ai primi di ottobre. Battaglia e assedio di Milazzo (il battaglione lasciato a Gaeta giunto a novembre). Battaglia di Francavilla (un battaglione e una compagnia granatieri). Assedî di Messina e della sua cittadella. Andato a Trapani con la spedizione del

▲ *Ufficiale di artiglieria* (*Heeresgeschichtliches Museum*, Vienna).

FZM Zum Jungen. Marcia su Palermo (due battaglioni e due compagnie granatieri). Rimasto in Sicilia.

IR Alt-Württemberg   Tessin 1715/ -
Colonnello: FM Eberhard IV duca di Württemberg.
Reggimento "capitolato" per cinque anni col duca di Württemberg. Da non confondere col reggimento fino allora denominato *Alt-Württemberg* (Tessin 1681/1) che divenne *Alexander von Württemberg* mentre quello detto *Jung-Württemberg* (Tessin 1715/1) assunse il nome di *Ludwig von Württemberg*.
1716-1718 guerra contro gli ottomani. Nell'estate 1718 posto in marcia per la Lombardia, arrivandovi in dicembre e proseguendo subito per Napoli. Giuntosi nel marzo 1719, imbarcatosi col GdC Mercy. Battaglia di Francavilla (tre battaglioni e due compagnie granatieri). Assedî di Messina e della sua cittadella. Malgrado l'arrivo di complementi dal Württemberg nel gennaio 1720 la forza era di 1.272 uomini. Trasportato a Trapani in data imprecisata. Marcia su Palermo (due battaglioni, due compagnie granatieri). Lascia l'isola "restituito" al duca in previsione della scadenza della capitolazione. Arrivato a San Pier d'Arena il 17 settembre.

IR Zum Jungen   Tessin 1682/12
Colonnello: FZM barone Johann Hieronymus von Zum Jungen.
Costituito nel 1682. Nel 1769 numero 27. Sciolto nel 1918.
Nel 1717 in Lombardia. Mandato in Sicilia nel settembre 1718 (due battaglioni e una compagnia di granatieri). Salpato per Milazzo il 23 ottobre da San Pier d'Arena. Assedio di Milazzo. Presa di Lipari (i granatieri). Battaglia di Francavilla (un battaglione e una compagnia granatieri). Assedî di Messina e della sua cittadella. Imbarcato per Trapani il 22 novembre 1719. Marcia su Palermo (due battaglioni, due compagnie granatieri). Imbarcato a Palermo nell'ottobre 1720 diretto in Lombardia.

Tav. 35 Dragoni Galbes e Corazze Cordova (Da Knötel).

REGGIMENTI DI CAVALLERIA (CORAZZIERI)

CR Carreras
Tessin 1714/ 1

Colonnello: Jaime Carreras.

Costituito in Lombardia nel 1714 riunendo le frazioni di diversi reggimenti di cavalleria "spagnoli" evacuati dalla Catalogna e subito inviato in Sardegna. Molti autori lo considerano un corpo di dragoni, forse perché non portava la corazza, non usata dalla cavalleria *austracista* (malgrado ciò alcuni documenti d'archivio lo qualificano reggimento di *cavallos corazas*).

Nel luglio 1714 erano in servizio 373 uomini, in gran parte catalani e valenciani; in seguito vi furono anche dei sardi, come nel reggimento *Barbon* (v. *supra*). Nel giugno 1718 contava 437 uomini e 370 cavalli; malgrado Carlo VI avesse ordinato di lasciare nell'isola solo 200 cavalieri, il nuovo viceré marchese di Rubí trattenne uomini e cavalli rducendoli a sette compagnie e mandando a Napoli 22 ufficiali in soprannumero.

Quando gli spagnoli sbarcarono in Sardegna il colonnello Carreras era governatore di Cagliari, mentre il tenente colonnello Pablo Durán comandava il reggimento, del quale 200 uomini erano a Cagliari e gli altri sparsi nell'isola. Affluito in Lombadia dopo la perdita della Sardegna, ai primi del 1718 il reggimento, che contava 147 uomini tutti smontati, fu sciolto e incorporato nei dragoni *Hamilton*, eccetto gli ufficiali spagnoli passati a Napoli nei dragoni *Roma*.[83]

CR Eckh (poi **Locatelli**)
Tessin 1657/ 1

Colonnelli: FML conte Johann Carl von Eckh, morto a Reggio Calabria il 9 agosto 1719; GFWM conte Antonio Locatelli (da agosto).

Costituito nel 1657. Nel 1769 numero 22. Sciolto nel 1775.

1716-1718 guerra contro gli ottomani. Diretto in Lombardia nell'estate 1718, restandovi anche dopo il 1720.

CR Gronsfeld (poi **Portugal**)
Tessin 1682/ 1

Colonnelli: FM conte Franz von Gronsfeld-Bronkhorst, morto l'8 aprile 1719; GFWM Manuel infante di Portogallo (da maggio).

Costituito nel 1682. Nel 1769 numero 26. Sciolto nel 1918 (*Dragoner-Regiment Nr. 9*).

1716-1718 guerra contro gli ottomani. Lasciato il campo di Belgrado il 15 luglio 1718 per andare in Lombardia, ebbe in settembre ordine di proseguire la marcia per il Regno di Napoli, quantunque il FM Daun lo reputasse superfluo, avendo cavalleria sufficiente. Divenuto *Portugal*, salpato il 23 maggio 1719 col GdC Mercy, lasciando tre squadroni nel Regno, riunitisi agli altri in novembre. Battaglia di Francavilla. Imbarcatosi in dicembre per Trapani. Marcia su Palermo. Diretto in Lombardia dopo la guerra, lasciò nell'isola i cavalli per rimontare i dragoni *Anspach* e *Roma*.

CR Hannover
Tessin 1672/ 2

Colonnello: FM Maximilian Wilhelm duca di Braunschweig-Lüneburg und Hannover (fratello minore, cattolico, del re Giorgio I di Gran Bretagna).

Costituito nel 1672. Nel 1769 numero 29. Sciolto nel 1918 (*Dragoner-Regiment Nr. 2*).

1716-1717 guerra contro gli ottomani. Trasferito in Lombardia nel marzo 1718, giuntovi in maggio. Partito in luglio per Napoli, dove si imbarcò per Milazzo, arrivandovi il 19 novembre. Passato in Calabria in dicembre per mancanza di foraggio (salvo un distaccamento rimasto a Milazzo), si riunì il 26 maggio 1719 al convoglio del GdC Mercy diretto in Sicilia. Battaglia di Francavilla. Andato a Trapani nel dicembre 1720. Combattimento di Ribera. Marcia su Palermo. Nel luglio 1720, lasciati i cavalli in Sicilia, passa in Calabria, imbarcandosi in ottobre a Napoli diretto in Lombardia.

CR Lobkowitz
Tessin 1682/ 3

Colonnello: principe Georg Christian Lobkowitz

Costituito nel 1682. Nel 1769 numero 10. Sciolto nel 1802.

1716-1718 guerra contro gli ottomani. Trasferito in Lombardia nell'estate 1718, giuntovi in ottobre. Nel settembre 1719 partì per terra diretto a Napoli, dove si imbarcò per Trapani in due scaglioni in dicembre e gennaio.

---

83   ASMi, Militare, Parte antica, n. 208; *Wrede*, III, p. 654; Mario Döberl, *La visita generale, cit.*, p. 234; *Campagne*, XVIII, pp. 13, 50-51; Francisco de Castellví, Narraciones históricas, IV, *cit.*, p. 608.

I.R. Alt-Starhemberg
company colour

I.R. Alt-Starhemberg
colonel's colour

I.R.C.A. von Württemberg
company colour

I.R.C.A. von Württemberg
colonel's colour

I.R. Bayreuth
company colour

I.R. Bayreuth
company colour

I.R. Königsegg
company colour

I.R. Baden-Durlach
company colour

Tav. 36 Bandiere di fanteria,

Marcia su Palermo. Nel luglio 1720, lasciati i cavalli in Sicilia, passa in Calabria, imbarcandosi in ottobre a Napoli diretto in Lombardia.

CR Sulzbach (*recte* **Pfalz-Sulzbach**)   Tessin 1674/ 1

Colonnello: Joseph Emanuel principe ereditario di Pfalz-Sulzbach.

Costituito nel 1674. Sciolto nel 1734.

1716-1718 guerra contro gli ottomani. Andato in Lombardia nell'estate 1718, vi rimase fino al 1720.

CR Visconti   Tessin 1631/ 1

Colonnello; FM marchese Annibale Visconti.

Costituito nel 1632. Sciolto nel 1734.

Nel 1717 in Lombardia. Posto in marcia per Napoli, nel settembre 1718. In novembre due compagnie (compresa quella di carabinieri) imbarcate per Milazzo. Il grosso del reggimento andò in Sicilia nel giugno 1719 col GdC Mercy riunendosi, cammin facendo, alle due compagnie di Milazzo passate in Calabria nel dicembre 1718 per mancanza di foraggio. Battaglia di Francavilla (lasciato a guardia dei bagagli). Rimasto sempre nella Sicilia orientale (salvo un distaccamento inviato a Trapani). Nell'agosto 1720 destinato nel Regno di Napoli.

REGGIMENTI DI DRAGONI

DR Anspach   Tessin 1718/ 1

Colonnello: Friedrich Wilhelm margravio di Brandenburg-Anspach.

Reggimento "capitolato" per sei anni nel 1718 col margravio di Anspach[84] con la clausola di doverlo incorporare nell'esercito imperiale allo spirare della capitolazione. Nel 1769 numero 37. Sciolto nel 1918 (*Uhlanen-Regiment Nr. 8*). Giunto in Lombardia nella primavera del 1718, posto in marcia per il Regno di Napoli in agosto, imbarcato il 23 maggio 1719 col GdC Mercy. Battaglia di Francavilla. Passato a Trapani all'inizio del 1720. Combattimento di Ribera. Marcia su Palermo. Rimasto in Sicilia dopo la guerra.

DR Hamilton (poi **Walmerode**)   Tessin 1711/ 1

Colonnelli: FML conte Andrew Hamilton, divenuto nel 1718 colonnello del reggimento di corazzieri *Viard* (Tessin 1663/ 1); FML conte Franz Ferdinand von Walmerode (citato nel settembre 1718).

Costituito nell'inverno 1707 come reggimento «Dragoni dello Stato» (di Milano) con le compagnie di dragoni lombarde passate al servizio asburgico al comando dell'irlandese conte Andrew Hamilton. Durante la guerra di successione spagnola combattè in Piemonte e nella penisola iberica. Il 18 settembre 1713 Carlo VI ordinò di porlo «*sobre el piè Aleman*» a partire dal 1° novembre. Nel febbraio 1715, essendo privo di cavalli, è citato come *Regimiento de Dragones desmontados del General de Batalla Conde de Amilton* [sic]. Nel maggio 1717 contava 835 uomini e 120 cavalli. Nel settembre 1717 800 uomini appiedati al comando del colonnello marchese Giovanni Battista Malaspina furono mandati ad Alghero dove si pensava di rimontarli con cavalli sardi. Causa la burrasca il grosso rimase bloccato in Corsica e pochi riuscirono a raggiungere Alghero e Castel Aragonese (oggi Castelsardo). Ritornato a Genova il reggimento andò in Lunigiana. Nell'ottobre 1717 fu stabilito di portarlo a 1.094 uomini costituendo la compagnia granatieri a cavallo. All'inizio del 1718 incorporò i resti del reggimento *Carreras*. il 27 marzo 1718 giunse da Vienna l'ordine di incorporarvi anche uomini e cavalli del reggimento *Somaglia*. In qualche modo si riuscì a provvedere alla rimonta e nel maggio 1718 la maggior parte del reggimento, ora a Cremona, era a cavallo. Nello stesso mese si attendevano dalla Germania cinquecento reclute, essendo difficile trovarne in Lombardia. Nel settembre 1719 fu deciso di inviarlo nel napoletano, ma rimase in Lombardia, sciogliendosi a Pavia nell'ottobre 1721 «e tutti li Nazionali Tedeschi, che vi si sono trovati, come pure quelli, che possiedono la Lingua, sono stati aggregati a' Reggimenti di essa Nazione, aspettandosi dalla Corte di Vienna la destinazione per li restanti.» (*Avvisi*).[85]

84   All'inizio del XVIII secolo il nome "Onoltzbach" cominciò a essere rimpiazzato da "Anspach" (o "Ansbach"). Gli *Avvisi* chiamano sempre questo reggimento "Anspach", mentre nella corrispondenza del principe Eugenio è detto "Onoltzbach": v. *Avvisi*, 9 marzo 1718 (n. 39) e molti altri, *Campagne*, XVIII, p. 35 suppl.

85   ASMi, Militare, Parte Antica, n. 208 e Registri delle Cancellerie dello Stato, XXXIV-8, XXXIV-9; *Wrede*, III, p. 663; *Avvisi*, 6 ottobre, 15 dicembre 1717 (nn. 168, 208), 2 febbraio, 9 marzo, 18 e 25 maggio 1718 (nn. 19, 39, 80, 85), 20 settembre e 7 ottobre 1719 (nn. 164, 177), 15 e 26 novembre 1721 (nn. 186, 192); *Campagne*, XVIII, pp. 46, 50-51; WENTWORTH ODIARNE CAVENAGH, *Irish Colonels Proprietors of Imperial Regiments* in *The Journal of the Royal Society of Antiquaries of Ireland*, Ser. 6, vol. XVII (1927), pp. 117-126 (in particolare p. 125).

DR Roma   Tessin 1713/ 2

Colonnello: GFWM Marchese Egidio Orsini Roma.

Costituito a Capua nel luglio 1707 dal marchese Matteo Lucini, cui alla fine del 1711 successe il marchese Egidio Roma (dopo un periodo di comando interinale del prìncipe Luigi Pio di Savoia). Il reggimento restò sempre nel Regno di Napoli. Nel 1715 era formato su dodici compagnie e 600 uomini.

Nel maggio 1717 contava 595 uomini e 508 cavalli. Malgrado sia stato scritto il contrario non contribuì alla spedizione in soccorso della Sardegna partita da Napoli in ottobre, composta esclusivamente di fanti. Stabilito di portarne l'effettivo a 1.094 uomini e di formare la compagnia granatieri a cavallo, non potendosi trovare reclute e cavalli nel napoletano, nel marzo 1718 il FM Daun ottenne di far venire i 180 uomini e i 400 cavalli mancanti dagli "Stati ereditari".

Nel settembre 1718 circa duecento uomini erano in Calabria e il 26 ottobre il resto del reggimento lasciò Napoli via terra a Tropea dove si imbarcò per Milazzo. Passato in Calabria per mancanza di foraggio e unitosi all'esercito del GdC Mercy poco prima della battaglia di Francavilla, durante la quale rimase a guardia dei bagagli. Prese parte all'avanzata su Messina, restando successivamente nella Sicilia orientale e in Calabria. Rientrato nel settembre 1720 nel Regno di Napoli, nel novembre 1721 fu sciolto «coll'oblazione, che volendo li Soldati, che vi fossero di Nazione Spagnuola, ritornar alla loro Patria, gli fosse dato l'imbarco.» (*Avvisi*).[86]

DR Tige   Tessin 1688/ 3

Colonnello: FML conte Johann Carl von Tige.

Reggimento "capitolato" nel 1688 col margravio di Bayreuth, poi incorporato nell'esercito imperiale nel 1694. Sciolto nel 1721.

Nel 1717 nel regno di Napoli. Un distaccamento mandato in Calabria nell'agosto 1718. Passato a Milazzo, seguito dal grosso del reggimento giunto il 12 ottobre. Battaglia e assedio di Milazzo. Mandato in Calabria in dicembre per mancanza di foraggio, tornando a Milazzo nel maggio 1719. Battaglia di Francavilla. Mandato a Trapani alla fine di dicembre (per un *lapsus* Wrede scrive *Einnahme von Trapani*, presa di Trapani!). Combattimento di Ribera. Marcia su Palermo (combattimento di Valguarnera). Rinviato nel Regno di Napoli alla fine della guerra.

REGGIMENTI DI USSARI

HR Ebergényi   Tessin 1688/ 4

Colonnello: GdC barone Ladislaus von Ebergényi.

Costituito nel 1688. Nel 1769 numero 11. Sciolto nel 1918 (*Husaren-Regiment Nr. 9*). Dopo aver preso parte alla guerra contro gli ottomani, nel luglio 1718 ricevette l'ordine di trasferirsi in Lombardia, ma essendo carente di uomini e cavalli, gli fu unito il reggimento *Esterházy*, anch'esso poco numeroso. Rimase sempre in Lombardia, mandando in Sicilia solo un paio di compagnie. Nell'autunno 1721 il reggimento fu sciolto e i suoi uomini mandati in Sicilia a incorporarsi al reggimento *Esterházy*: ma poiché il GdC barone von Ebergényi aveva un rango superiore al conte Joseph Esterházy, semplice colonnello, il nuovo corpo fu considerato continuatore del suo reggimento di cui assunse il nome, evitandosi così la scomparsa della prima unità permanente di ussari[87].

HR Esterházy   Tessin 1702/ 3

Colonnello: conte Joseph Esterházy.

Costituito nel 1702. Sciolto nel 1721.

Conclusa la guerra contro gli ottomani, nel luglio 1718 il principe Eugenio lo destinò, malgrado gli scarsi effettivi, a trasferirsi in Lombardia insieme al reggimento *Ebergényi*. Nella primavera 1719 il comandante, colonnello Czugenberg, partì da Pavia con un distaccamento di entrambi i reggimenti, arrivando il 12 giugno al campo di Meri. Il 7 ottobre erano a Messina 276 ussari (137 di *Ebergényi* e 139 di *Esterházy*) andati poi in gran parte a Trapani, raggiunti nel febbraio 1720 dal grosso del reggimento *Esterházy* (circa 300 uomini) partito da Pavia ai primi di settembre e imbarcatosi a Reggio (Calabria) in gennaio. Alla fine del 1721 assorbì gli effettivi del disciolto reggimento *Ebergényi*, di cui però assunse l'identità.

---

86   HHSA, Neapel Collectanea, Fz. 36; *Wrede*, III, p. 662; *Gaceta de Madrid*, 2 gennaio 1712; *Avvisi*, 23 novembre 1718 (n. 196), 12 luglio 1719 (n. 118), 2 ottobre 1720 (n. 165), 26 novembre 1721 (n. 192); *Campagne*, XVIII, pp. 48, 85, 110.
87   *Wrede*, III, p. 278, parla di fusione ma v. *Avvisi* del 17 e 31 dicembre 1721 (nn. 202/204 e 210).

APPENDICE III
DOCUMENTI DI FORNITURE E CONSEGNE DI VESTIARIO
REGGIMENTI "REALI" A PIEDI E A CAVALLO

Vestiario di 800 uomini mandati in Catalogna (maggio 1709)
ASMi, Registri delle Cancellerie dello Stato, XXXVIII-3

Nota delle spese fatte per il vestiario di 800 uomini mandati in Catalogna, e cioè 400 di fanteria italiana per il Terzo di Lombardi del Col. Taaf[88] e altri 400 per Corazze e Dragoni, tutti vestiti e armati, con prevenzione che rispetto alla fanteria si siano tolti 300 uomini dal Reggimento di spagnoli del Colonnello Barbon e i 400 smontati del reggimento Roma[89] e Amilton [sic] ... vestuario entero con carabinas y pistolas, botas y capotes per li 400 uomini di cavalleria ...

- 200 vestiti di panno vero Lodevol di Francia gris-bianco con mostre gialle, fodrati di saglia gialla con sue rispettive giubbe e calzoni di rattina bianca [Taaf]
- 200 vestiti di sudetto panno gris-bianco con mostre rosse, fodrati di saglia rossa con sue rispettive giubbe e calzoni di rattina bianca [Barbon]
- 200 vestiti di sudetto panno gialdo con mostra rossa, fodrati di saglia rossa con sue giubbe e calzoni di sud.o panno [Hamilton]

400 vestiti serviti per la Cavalleria

400 cappelli grandi

800 camise di tella nostrana (2 per soldato)

400 para calzettoni di Francia

400 bandogliere, 400 batticuli, 400 casaline tutte di vaca dantata

400 para guanti

400 para stivalli: para 77 a £ 24, para 223 per Corazze a £ 21.10 e para 100 per Dragoni a £ 20.10

para 800 scarpe

400 Carabine

400 schiable

400 farraiolli di panno vero Lodevol

400 para calzettoni di lana di Francia

800 + 800 colarine di renzo larghe

340 patrone con sue bandogliere, 340 batticuli di vaca dantata

400 para stivalini di tella di Bologna

400 morali di tella di Bologna

400 cappelli

Conto del Munizionere Barbapiccola (1712)
ASNa, Giunta Arsenale, Fs. 83.

<u>Elenco di generi</u>

barrettini turchini e rossi; borze di vacchetta nuove; francia di capisciola; ferrandina turchina; panno turchino e panno rosso per soldati; panno bianco di Traetto; 481 vestiti per il reggimento Roma, 481 vestiti per i reggimenti Faber e Lucini[90] 484, detti di Borda e Ibarra 487, detti di panno mischio 511.

<u>Introiti ed esiti</u>

panno rosso e torchino per camisciole di forzati e canaveccetto per calzoni; barrettini rossi e turchini.

---

88   Era il reggimento *Luccini* (v. Appendice II) che portò questo nome dal 1710 al 1712.

89   Da non confondere con l'omonimo reggimento napoletano di dragoni, questo reggimento di "corazze" lombarde fu costituito nel 1707 e sciolto nel 1711.

90   Da non confondere con l'omonimo reggimento lombardo, questo fu formato nell'ottobre 1705 da Nicola Castiglioni con soldati napoletani fatti prigionieri alla resa di Barcellona; nel 1710 passò al comando del marchese Matteo Lucini e venne sciolto nel 1712.

Taffetà cremisi per stendardo e cremisi, giallo, verde e bianco per code di gallo.

Panno torchino canne 541:3 per li vestiti del regto Roma e per fare 2 mostre di vestiti pel vestuario del reggimento Lucini fatte da parte di Nicola de Martino.

panno rosso canne 600 usato per 2 mostre per il reggimento Lucini e per il vestiario di ufficiali e soldati del reggimento Roma.

Panno bianco di traetto pel vestiario delli reggimenti Sud[ti] e per fodera di 2 mostre di vestiti

canne 250 per i vestiti dei soldati spagnoli

canne 115 per i vestiti dei soldati della nave S. Leopoldo

panno di traetto bianco bagnato.

per vestiti dei soldati spagnoli (2/1/1711)

per vestiti delle reclute

ferrandina turchina canne 1.000 per ufficiali e soldati del reggimento Roma

panno scarlatto di Regno per la librea della Guardia Alemanna (Nicola de Martino partitario)

panno bianco di S. Severino canne 512 per fabbrica dei vestiario dei soldati italiani:

canne 77.1 + 90 + 230 + 528.2 per i vestiti delle reclute dei reggimenti Faber e Lucini

canne 175.6 per ciamberghe e canne 222.3 per ciamberghini dei soldati spagnoli

canne 125 per i vestiti dei soldati della nave S. Leopoldo

Al M° Nicola Giordano partito per 1000 vestiti pei reggimenti *Faber* e *Marulli* (12 aprile 1712)
ASNa, *Excerpta*, Fs. 346.

500 vestiti pel reggimento Faber, con che ogni vestito consiste in una ciamberga di panno bianco, con mostra e collaretto del medesimo panno fatta a Brandis foderata di ferrandina bianca con suo bottone d'ottone. Ciambergino e calzone di panno rosso foderato di tela di S. Anastasio con suoi bottoni d'ottone simil.te a proportione, uno paro di scarpe di vacchetta di fiandra con due sole, uno paro di calzette di lana bianca, due camise secondo il solito di tela, uno cappello nero et una corbata rossa di crespone, una borza di vacchetta di fiandra con sua correa, e bradicù di vacca concia di Addante con sua fibia d'ottone .... 500 vestiti per servitio del reggimento del Col. Marulli consistente come sopra con bottone del med.mo panno, Ciamberghino e calzone di panno torchino con fodera ut s. e con bottone del medesimo panno, due corbate bianche di, tela dell'Olmo.......

Berrettoni da granatiere per reggimenti napoletani (28 Aprile 1713)
ASNa, *Excerpta*, Fs. 346.

... 593 barrettoni [sic] per li reggimenti *Faber*, *Marulli*, *Borda* e soldati Italiani delle nuove reclute ... canne 166 di panno di Piedimonte color torchino, rosso, verde, e panno scarlato canne 148 e 1/2 di tela per inforra pelle d'orso; marochini bianchi, seta cruda.

Vestiti per la "Cavalleria di Sardegna" (reggimento Carreras) (Maggio 1714)
ASNa, *Excerpta*, Fs. 346.

A Nicola de Martino: partito per 300 vestiti per la Cavalleria di Sardegna. Trecento vestiti per i Soldati a cavallo, da inviarsi nel Regno di Sardegna, consistentino in giamberga di panno color cenerino foderata di ferrandina bianca di Siena con suoi bottoni d'ottone, un giamberghino e calzone dell'istesso panno foderati di tela bianca di S. Anastasio, un paro di scarpe, un paro di calzette di saja, due camise, un Cappello, una corvata rossa, un brandicù e portacarobino d'Addante ...

Generi di vestiario per le truppe del Regno di Napoli (1717)
ASNa, Giunta Arsenale, Fs. 86.

Mossolina torchina data a Bartolomeo dello Giacomo per 6 corvatte per reclute del reggimento Faber.

Panno bianco di S. Severino e rosso e turchino con ferrandina per i vestiari dei reggimenti Faber e Marulli.

Giamberghe di panno bianco foderate di ferrandina bianca con smerze di panno bianco e torchino per i reggimenti Faber e Marulli e bottoni di panno bianco, in tutto 2.750.

2.722 giamberghini di panno bianco per servizio dei soldati dei regti Faber e Marulli : 2.021 di panno bianco, 361 di panno rosso e 340 di panno bianco;
calzoni di panno bianco 2.021, 361 di panno rosso e 340 di panno bianco;
70 Faraioli di panno scarlato di Regno con loro guarnimenti di trene rosse e gialle per servitio dei soldati della Guardia Alemanna.
2.747 cappelli negri per il regti Faber e Marulli.
Corvatte di bomabacegna metà torchine e metà rosse per i regti Faber e Marulli;
Brandicù di vacca concia d'addante con sue fibbie d'ottone.
2.747 calzette di lana bianche;
2.862 borze di vacchetta e scarpe di vacchetta;
2.508 centuroni di pelle concia d'addante.

Uniformi per reclute dei reggimenti *Ahumada* e *Alcaudete* (5 giugno 1717)
ASMi, Militare, Parte antica, n. 208.

… 195 soldados, à saver vestidos cadauno con Marsina de paño blanquizco aforrada de sablis, con muestras de paño colorado, chupa de paño colorado aforrada de tela, un par de calzones de paño blanquizco aforrados asimismo de tela; un par de medias de lana blanquizca, un par de zapatos; un Sombrero bordado de blanco, dos corvatas de crespon colorado; dos camisas; un par de botines. Un moral, una patrona de bulgaro con su tracola, portabayoneta y correa para fusil. [Ahumada]
Y los 195 restantes cadauno con Marsina de paño blanquizco, aforrada de sablis, con muestras de paño verde; chupa y calzones de paño assimismo blanquizco, aforrados de tela. Un par de medias de lana verde, y todo los demas como los antecedentes, con la declarazion que los botines consisten en 209 pares de tela y 100 de piel … [Alcaudete]

COMPAGNIA ALABARDIERI DEL VICERÉ DI NAPOLI

Ricevuta consegna vestiari (27 settembre 1720)
ASNa, Giunta Arsenale, fs. 92.

Io sottoscritto Giovanni Giorgio Novis Preposto della Guardia Alemanna di S.Em. il Vicerè dichiaro di avere ricevuta dalla Regia Monitione del Regio Arsenale l'infrascritta quantità di vestiti per servitio delli Soldati, Officiali, Cappellano e altri di detta Guardia
Vestiti num. 4 di velluto, cioè uno per il Preposito e 3 per tre Caporali consistenti in 4 Casacche di Velluto cremisi, guarnite di oro, foderate d'ermisino e controfodere di Sangallo, e bottoni e lazzetti doro.
Quattro para di calzoni, seù braghe di Damasco foderate di Ermisino, e controfoderate di Sangallo, e guarniti d'oro à torno alle strisce.
Quattro Ciamberghini di damasco guarniti di galloncino d'oro intorno, con pertose del med.mo gallone d'oro e bottoni dell'istesso e contrafodere di S. Gallo e fodre d'ermisino.
Quattro berrettoni di velluto negro foderati di ermisino à torno, ricamati à torno il capo con felba e arme di S.M. e 7 pennacchi per ciascuno di essi.
Quattro cappelli fini d'Inghilterra.
Quattro para di calzette di seta cremisi di maglia fina.
Quattro brandiqui di velluto negro numero uno e tre di colore cremisi, con controfodera di vacchetta, foderati d'armisino, e guarniti intorno di gallone d'oro.
Quattro partisane, seu Alibarde guarnite di velluto intorno e centrelle con 5 fiocchi di seta cremisi, cioè 3 grandi e 2 piccoli per ciascuna libarda, con coperte d'oro sopra li detti fiocchi.
Quattro Ferrajoli di scarlatto di Venetia con sue porte di raso cremisi e gallone d'oro intorno per il Proposito e 3 Caporali.
Quattro para scarpe di vacchetta per li detti.

I.R. Alt-Wallis
company colour

I.R. Alt-Wallis
colonel's colour

I.R. Carl Lothringen
company colour

I.R. Carl Lothringen
colonel's colour

I.R. Browne
colonel's colour

I.R. Browne
company colour

Tav. 37 Bandiere di fanteria.

Per li Soldati di detta Guardia 62 para scarpe di vacchetta ut s.a.

Para 62 calzette di seta cremisi.

62 barrettoni di velluto cremisi con 5 penne di vari colori per ciascuno e foderati d'ermisino verde, e centorino e Armi di S.M. ricamate e fibie d'ottone intorno.

62 cappelli negri con fodera di S.Gallo e fibie ut s.a.

62 spade con foderi di vitello con guardie e crespelli dorati e manichi di ottone.

62 brandiqui di vacchetta di Fiandra con sue fibie ut s.a.

62 Braconi, seù brachesse d'ermisino giallo, foderate di ferrandina di sieta, con strisce di panno scarlatto di Piedimonte, guarnite di gallone di seta di diversi colori le dette strisce.

62 sciamberghini d'ermisino giallo, foderati di sangallo bianco, con sue maniche, bottoni e pertose di seta cremisi.

62 Casacche di panno scarlatto di Piedimonte foderate di S.Gallo rosso, guarnite di seta di diversi colori, con bottoni e lazzi di seta.

Due altri vestiti, cioè uno per il Piffaro e l'altro per il Tamburro consistenti nelli seguenti generi, cioè 2 casacche guarnite c.s., 2 brachesse c.s., 2 barrettoni c.s., 2 brandiqui c.s., 2 cappelli c.s., 2 para di scarpe c.s., 2 para di calzette c.s., 2 spade c.s.

Vestiti per li Trombetti num.6 consistenti cioè in

6 para calzette di seta cremisi

6 cappelli c.s.

6 spade c.s.

6 barrettoni c.s.

6 brandiqui c.s.

6 calzoni di damasco giallo fodrati di seta bianca con le goffe di d.o damasco.

6 sciamberghini di damasco giallo, con le goffe di ermisino giallo alle maniche, foderati di tela c.s., con pertose e bottoni cremisi.

6 casacche di panno scarlatto di Piedimonte c.s. con fodera di S.Gallo con bottoni, pertose e lazzi di seta.

12 banderriole per d.i Trombetti di damasco giallo, con Arme di S.M. pittata à due faccie guarnite di frangie di seta cremisi e oro con lazzi di seta e 4 fiocchi di d.ta seta con la cappetella d'oro, e zaganelle di seta cremisi à ciascuna di esse.

Quattro para attacaglie di ermisino cremisi per gli Officiali.

72 para di attacaglie di taffetà giallo per li Soldati, Piffaro, Tamburro e 6 Trombetti.

Più una veste di damasco cremisi alla Reale, con Armi ricamate d'argento e oro, una per d'avanti e l'altra per dietro le spalle, foderata d'ermisino giallo con frangia di seta e oro, con lazzi e fiocchi cremisi con cappetelle d'oro sopra detti fiocchi, e sono per il Re dell'Armi.[91]

Più un vestito per il Reverendo Padre Cappellano di d.a Guardia Alemana :

Un ferrajolo di saja di Venetia.

Una sottana di d.a saja di Venetia foderata di ermisino e controfodere di S.Gallo con bottoni e pertose di seta.

Un cappello fine d'Inghilterra

Un paro di calzette di maglia fina

Un paro di scarpe di vacchetta.

Ricevuta consegna vestiari (2 gennaio 1723)

ASNa, Giunta Arsenale, fs. 92.

Dichiaro io sottoscritto di havere ricevuta dalla Regia Monitione del Regio Arsenale le infrascritte quantità di vestiti con li loro fornimenti per servitio della Guardia Alemanna del Palazzo Reale di questa Città di Napoli,

---

91   Nelle cerimonie ufficiali l'araldo regio, *vulgo* "Re dell'Armi", portava in mano uno scettro detto "scettro reale" ed incedeva circondato dai quattro portieri di palazzo armati di mazza d'argento. Nel caso di pubbliche onoranze funebri, la casacca o tunica del Re dell'Armi, pur decorata allo stesso modo, era nera, come nere erano in tali occasioni anche le casacche di tutti gli altri componenti della guardia alemanna.

C.R. Visconti
company standard

C.R. Hannover
company standard

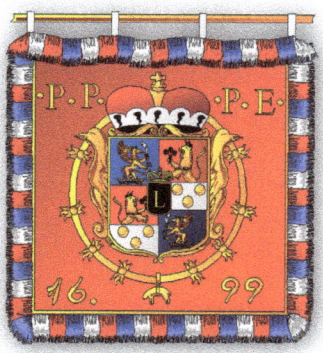

H.R. Esterhàzy trumpet banner
after the original in Burg
Forchtenstein, Inv. Nr.I/1

H.R. Ebergényi
company colour

I.R. Giulay
company colour

I.R. Giulay
colonel's colour

Tav. 38 Stendardi e bandiere.

e servono per il Capitano di d.ª Guardia, Tenente, Preposito, tre Caporali, uno Tamburro, sei Trombetti, 62 Soldati per il Rè d'Armi, il Rev. Padre Cappellano di detta Guardia, e sono cioè:

Quattro Casacche di Velluto cremisi, guarnite con gallone di oro e trenella di felbalà, con bottoni e lacci similmente di oro, foderate d'ermisino e controfodera di Sangallo, e servono per il Preposito e trè per altri tanti Caporali;

Quattro para di calzoni, seu braghe di Damasco giallo foderate di Ermisino, e controfodera di Sangallo, con guarnimenti d'oro c.s. alle striscie di velluto cremisi.

Quattro Giamberghini di Damasco guarniti di gallon d'oro c.s., con pertose del med.mo gallone, e bottoni di oro, con fodera di Armesino, e contrafodera di Sangallo.

Quattro berrettoni di velluto foderati di Ermisino, ricamati attorno al capo con felbalà, et Armi di S.M. e 7 pennacchi per ciascheduno di essi.

Quattro cappelli fini d'Inghilterra.

Quattro para di calzette di seta cremisi di maglia fine.

Quattro brandiqui di velluto con controfodera di vacchetta, foderati di Ermisino, e guarniti attorno di galloni d'oro.

Quattro Partisane, seu Alabarde guarnite di velluto attorno e centrelle di ottone con cinque fiocchi di seta cremisi, cioè tre di essi grandi e due piccioli per ciascheduna di esse, con coverte di oro sopra d.i fiocchi.

Quattro Ferraioli di scarlatto di Venezia con sue porte di raso cremisi, e gallone d'oro attorno e servono per il Proposito e trè Caporali.

Quattro para scarpe di vacchetta per detti ut s.a.

Per li Soldati di d.ª Guardia

62 Casacche di panno scarlatto di Piedimonte foderate di tela rossa, guarnite di seta di diversi colori, con bottoni e lacci di seta.

62 Bragoni, seù Braghesse di Ormesino giallo, foderate di ferrandina con striscie di panno scarlatto c.s., guarnite di gallone di seta di diversi colori.

62 Giamberghini di ormisino ut s.a, foderati di Sangallo bianco, con loro maniche, bottoni e pertose di seta cremisi.

62 berrettoni di velluto cremisi foderati di Ormisino verde, e centorino con Armi di S.M. ricamate di seta e fibie di ottone attorno con cinque penne di vary colori.

62 cappelli negri con fodera di Sangallo e fibie di ottone di miglior qualità delle livree passate.

62 para calzette di seta cremisi.

62 brandiqui di vacchetta di Fiandra con fibia di ottone.

62 spadini con foderi di vitello, guardie e crispelli dorati e manichi di ottone.

62 para scarpe di vacchetta ut s.a.

Vestiti per il Pifano e Tamburrino

Due Casacche di panno Scarlatto di Piedimonte e foderate di tela rossa, e guarnite di seta di diversi colori, con lacci e bottoni di seta;

Due Braghesse di Ormesino giallo foderate di ferrandina, con striscie di panno scarlatto ut s.a, guarnite di gallone di seta di diversi colori;

Due Giamberghini di Ermisino ut s.a foderati di Sangallo bianco, con loro maniche, bottoni e pertose di seta cremisi;

Due berrettoni di velluto cremisi foderati di ermisino verde e centorino con Armi di S.M. ricamate di seta e fibie di ottone attorno con cinque penne di vary colori;

Due cappelli negri con fodera di Sangallo e fibie di ottone, di miglior qualità delle livree passate;

Due para di calzette di seta cremisi;

Due brandiqui di vacchetta di Fiandra e fibie di ottone;

Due spadini con foderi di vitello, guardie e crispelli dorati, manichi di ottone;

Due para di scarpe di vacchetta.

Vestiti per li Trombetti

Sei Casacche di panno scarlatto di Piedimonte foderate di Sangallo, bottoni, pertose e lacci di seta;

Sei para di calzoni di damasco giallo foderati di tela bianca con le goffe di d.o damasco;

Sei Giamberghini di damasco ut s.a., con le goffe di Ermisino giallo alle maniche, foderati di tela ut s.a, con bottoni e pertose di seta cremisi;

Sei Berettoni di velluto cremisi foderati di Ermesino con Armi di S.M. ricamate di seta e fibie di ottone e cinque penne di vary colori;

Sei Cappelli negri con fodera di Sangallo e fibie di ottone di miglior qualità delle livree passate;

Sei para calzette di seta cremisi

Sei brandiqui di vacchetta di Fiandra e fibie di ottone;

Sei spadini con foderi di vitello, guardia e crispelli dorati e manichi di ottone;

Sei para di scarpe di vacchetta;

Dodeci Banderiole per d.i Trombetti di Damasco con Armi di S.M. pintate à due faccie, guarnite di frangie di seta cremisi et oro, con lacci di seta e quattro fiocchi ciascheduna similmente di seta e cappetelle d'oro e zaganelle di seta cremisi.

Quattro para attacaglie di Ermisino cremisi per gli Officiali.

72 para di attacaglie di Taffetà giallo per li Soldati, Pifaro, Tamburro e Trombetti.

Per il Re dell'Armi

Una Veste di Damasco cremisi alla Reale, con Armi ricamate di argento et oro, una per d'avanti e l'altra per di dietro le spalle, foderata d'Ermisino giallo con frangia di seta et oro, con lacci e fiocchi di seta cremisi, con cappettelle di oro sopra detti fiocchi.

Per il Reverendo P.e Cappellano

Un ferraiolo di saia di Venezia.

Una sottana ut s.a. foderata di ermisino e controfodera di Sangallo con pertosa e bottoni di seta.

Un cappello fino d'Inghilterra

Un paro di calzette di seta maglia fina

Un paro di scarpe di vacchetta.

Per il Capitano della Guardia uno vestito di costo doc.100

Per il Tenente della Guardia uno vestito di costo doc.50

COMPAGNIA ALABARDIERI DEL VICERÉ DI SICILIA

Tanteo de lo que ymporta el Vestuario de la Real Compañia de Guardia Alabarderos
ASNa, Carte Montemar, Fs. 82.

Por 14 palmos de paño azul para la Casaca

9 palmos de paño amarillo por chupa y bueltas

20 palmos de saja amarilla por forro de Casaca

20 palmos de lienzo blanco por forro de chupa

3 dozenas y media de botones de hilo de plata por la Casaca

4 dozenas de botones de hilo de plata por chupa y calzon

Por 40 palmos de galon de plata para 40 alamares de la Casaca

Por 3 canas de galon por la chupa

Un sombrero con bordo de plata

Un par de medias de estambre amarillo

Un par de zapatos
Una Halaparda con fleque
Una Capa de paño azul de Napoles

Ymporte de un Vestuario, sin espada, beriquì, corvattas y camisas ... [40 vestiti]... [si devono aggiungere] ... los galones de la distincion por los 3 Cavos y Lanspezada
Galones para la distincion del Prevoste y fleque de hilo de plata por su Alaparda.

REGGIMENTO DI MARINA DEL REGNO DI NAPOLI

1717
ASNa, Giunta Arsenale, fs. 86.
Introito ed esito di vestiti per le reclute del reggimento della Marina : 50 vestiti compliti con cappello, corvatta, camise e calzette + altri 100 + 40 giamberghini e calzoni da Buonocore di Nardo a Emanuele Barbone Colonnello del reggimento, mandati in Milazzo con 8 casse da tamburi.

1717
ASNa, Giunta Arsenale, fs. 87.
Gio Ferro ha costruito 49 vestiari per il reggimento di Marina, che non gli sono stati pagati, consistenti ognuno di essi in una giamberga di panno mischio foderata di ferrandina di sieta, con bottoni di ottone, e smerze di panno rosso, un giamberghino di panno rosso foderato di tela bianca, e bottoni di ottone; calzoni di panno rosso et fodera ut s.a; due cammise di tela di cannaniello; una corbatta di bombacegna rossa, un paro di scarpe di vacchetta, uno cappello negro guarnito con gallone di seta, uno paro di calzette di lana bianca; un morale di tela; una baionetta con sua fodera; una borza di vacchetta con fibbia, cornetto e correa d'addante; un portabaionetta, et una correiella di vacchetta di Fiandra con fibbia numero 49;
Più bottoni grossi di ottone num. 177
Bottoni d'ottone piccoli num. 140
4 corree di pelle d'addante per tamburri
14 fibie di ferro per le scarpe e 6 centorini portabaionette d'addante con fibie
Et havendo riconosciuto l'atti del partito di 600 vestiti per servitio di d.o reggimento fatto col Mag.co Gio: Bocini per .. del Magco Aniello de Martino ...
Altra ricevuta di 50 vestiti c.s.
- 4 tamborri con loro vite di ferro ad uso todesco con loro mazzerelli di legname per il reggimento della Marina.

Conto di Buonocore pagatore e munizioniere (31 dicembre 1719)
ASNa, Giunta Arsenale, fs. 89.

400 ducati a Juan Gioielo Partitario de ciento y noventa vestidos per servizio delas reclutas del Regimiento de la Marina (Partito del 30 dicembre 1719) 13 duc. e 35 grani per vestito completo.

Ricevuta al 04/10/1719 da Gio: Gioiello partitario per i vestiti per il reggimento della Marina (partito del 19/01/1719) di 170 ciamberghe di panno bianco, con un poco di misto, con smerze[92] di panno rosso, suo collaretto foderato di panno rosso con bottoni di ottone e ferrandina bianca.
170 ciamberghini di panno rosso, con fodera di tela bianca di S.Nastaso con bottoni di ottone.
170 calzoni di panno ut s.a foderato di tela ut s.a.
170 para calzette di lana bianca.
170 para scarpe di vacchetta.
170 para fibie di ferro.
170 cappelli negri con loro bordo di seta bianca.
340 camise di tela bianca di S.Nastaso.

92   Le "smerze" saranno poi dette "rivolte".

170 morali di tela bianca di S.Nastaso.

170 corvatte di bombacegna rosse.

170 baionette di ferro.

170 borze di vacchetta con loro correie di vacca concia d'addante complite.

170 corrielle di vacchetta per scoppetta.

170 centuroni seu portabaionette di vacca concia d'addante.

- panno rosso e torchino e berrettini per forzati.

Conto del tesoriere Trabucco (25 maggio 1720)

ASNa, Giunta Arsenale, fs. 300.

Vestiti compliti nuovi per servitio delle reclute delli Soldati del Reggimento della Marina da Giovanni Gioiello Partitario

124 vestiti compliti per servitio delle reclute de' Soldati del reggimento della Marina (certificato del Dicembre 1719) ... consistenti in una giamberga di panno bianco mischio, foderata di ferrandina bianca, smerze di panno rosso e sottosmerze di panno bianco ed bottoni di ottone.

Un giamberghino di panno rosso foderato di tela bianca di S. Nastaso ed bottoni d'ottone

Un paro di calzoni di panno rosso foderati di detta tela

Due camise di tela cannaviello

Una corvatta rossa di bombacegna

Un morale di tela bianca

Un paro di scarpe di vacchetta e sue fibbie di ferro

Una borsa di vacchetta di Fiandra con correa di vacca concia d'addante con fibia di ottone

Uno centurone seù porta baionetta di vacca concia d'addante e fibia d'ottone

Una baionetta di ferro e sua fodera e gancetto

Una corriella di vacchetta per porta-scoppetta

Uno cappello negro con bordo di seta e filo bianco

Un paro di calzette di lana bianca

▲ *L'ammiraglio George Byng in tenuta da combattimento* (Collezione privata).

APPENDICE IV
LE TRUPPE IMBARCATE DELL'AMMIRAGLIO BYNG

Al termine della guerra di successione spagnola gli stanziamenti destinati alla *Royal Navy* furono drasticamente ridotti e i reggimenti di *marines* sciolti, affidandone i compiti agli altri reggimenti dell'esercito britannico, cui allora appartenevano le truppe imbarcate (esse fecero parte della marina dal 1755, quando furono costituiti gli attuali *Royal Marines*). Solo nel dicembre 1739, in occasione di un'altra guerra con la Spagna, si decise di formare nuovi reggimenti di *marines*. Di conseguenza la squadra dell'ammiraglio Byng imbarcava normali reggimenti di fanteria, ma le notizie in proposito sono scarse, perché il servizio a bordo nel periodo 1713-1739 viene di solito ignorato degli storici dell'esercito britannico. Un'eccezione è costituita dall'articolo di Christopher Thomas Atkinson sui reggimenti di fanteria imbarcati in quest'epoca[93], sul quale si basa quest'appendice.

I reggimenti di Byng
La presenza di soldati a bordo di una nave da guerra era allora indispensabile, non tanto per i combattimenti o le rare operazioni di sbarco, quanto per tenere a freno i marinai che, non ancora "militarizzati", erano indisciplinati e turbolenti. Questo era vero soprattutto in Gran Bretagna, ove gli equipaggi erano normalmente reclutati a forza (dalle famigerate *press gang*), un sistema usato negli altri paesi solo in casi di estrema necessità. Con la leva forzata non si poteva prevedere in quanto tempo gli uomini necessari sarebbero stati catturati e portati a bordo, potendosi verificare che l'equipaggio fosse ancora incompleto al momento stabilito per la partenza. In tal caso si ricorreva ai soldati, affidando loro quei servizi secondari normalmente svolti dai marinai meno addestrati.
I primi ordini per allestire una squadra destinata al Mediterraneo nel gennaio 1718, ma la "caccia al marinaio" procedette lentamente e Byng non poté salpare in tempo per impedire lo sbarco spagnolo in Sicilia. Quando finalmente la squadra lasciò Spithead (12 giugno 1718) gli equipaggi erano ancora incompleti. I quattro reggimenti imbarcati (*James Otway's, Cosby's* o *Royal Irish, Bisset's* e *Charles Otway's*), formati per lo più da reclute, provenivano dall'Irlanda e i soldati di due di essi, quelli dei colonnelli James e Charles Otway, dovettero servire come marinai. Quando la squadra arrivò a Mahón (23 luglio) essi furono sostituiti dai reggimenti *O'Hara's* (*Royal Fusiliers*), *Stanwix's, Whetham's* (*Inniskilling*) e *Sankey's*, costituiti da veterani, che dopo aver combattuto nella penisola iberica (*Stanwix's* addirittura dal 1707), erano stati mandati di guarnigione a Minorca[94].
A quell'epoca i reggimenti stanziati su quest'isola e a Gibilterra avevano un organico più forte degli altri, con due compagnie in più che i corpi in partenza lasciarono nell'isola (insieme con il quartiermastro, 1 tamburo e 10 granatieri supplementari) dove furono incorporate dai nuovi venuti. I quattro reggimenti imbarcati sulla squadra di Byng rimasero quindi composti da dieci compagnie ciascuno, una delle quali di granatieri. Ogni compagnia doveva avere 3 ufficiali, 2 sergenti, 2 caporali, 1 tamburo e 38 soldati. Gli ufficiali comprendevano 1 colonnello (che essendo un generale era naturalmente assente), 1 tenente-colonnello, 1 maggiore, 7 capitani, 20 tenenti e alfieri. Vi erano anche 1 cappellano (protestante), 1 chirurgo col suo aiutante e 1 aiutante. Questi organici erano teorici, essendo assai difficile che dopo tanti anni passati all'estero i ranghi fossero al completo[95]. Esaminando «Gazzette» e libri di bordo del tempo Atkinson ha potuto stabilire che due compagnie dei *Royal Fusiliers* erano imbarcate sul *Grafton*, due sul *Royal Oak* e una sul *Rochester*, mentre due compagnie di *Sankey's* erano a bordo del *Montagu*. Alcuni libri di bordo si limitano il numero delle compagnie o dei soldati imbar-

---

93 Christopher Thomas Atkinson, *British Regiments afloat. Cape Passaro and other Incidents*, in *Journal of the Society for Army Historical Research*, Vol. 23, No. 94 (Summer 1945), pp. 46-53.
94 Fino al 1751 i reggimenti inglesi prendevano nome dai loro colonnelli a cui, in qualche caso, si aggiungeva una denominazione tradizionale. Gli otto reggimenti furono poi numerati rispettivamente 9°, 18°, 30°, 35°, 7°, 12°, 27° e 39° reggimento a piedi. Sul tema dei reggimenti britannici in Spagna v. Nicholas Dorrell, *Marlborough's Other Army*, Solihull (West Midlands), Helion & Co., 2015.
95 *The present State of Great-Britain and Ireland. The Fourth Edition Corrected*, London, J. Nicholson &c., 1718, p. 431; Richard Cannon, *Historical Record of the First, or Royal Regiment of Foot*, London, Parker, Furnivall & Parker, 1847, p. 122.

cati senza specificare a quale reggimento appartenessero. Oltre i quattro reggimenti menzionati dovevano essere presenti a Capo Passero anche elementi di *Charles Otway's*, perché esso (divenuto *Royal Sussex Regiment*) ottenne nel secondo dopoguerra il *battle honour* "Cape Passaro". Non è possibile stabilire quante siano state le perdite fra i soldati a Capo Passero, sapendosi solo che uno dei due ufficiali caduti fu il tenente Holyland dei *Royal Fusiliers* imbarcato sul *Grafton* (l'altro era un ufficiale di marina della stessa nave).

Nell'aprile 1719 Byng, trovandosi a Mahón, ebbe notizia della spedizione che gli spagnoli stavano preparando in sostegno degli insorti giacobiti scozzesi (che fu poi dispersa dalle tempeste nell'Atlantico) e inviò subito in Inghilterra alcune navi al comando del capitano Hardy. Esse giunsero a Plymouth il 27 maggio imbarcando l'intero reggimento *Sankey's* e due compagnie di *O'Hara's* (altri reparti di questo reggimento erano arrivati in precedenza); *Stanwix's* e *Whetham's* rimasero nel Mediterraneo prendendo parte a diversi combattimenti.

Gli sbarchi

I granatieri sbarcati nell'agosto 1719 nei pressi di Messina, per occupare la località di Torre Faro, che controllava la rada di Paradiso, dovevano appartenere ai due reggimenti rimasti *Stanwix's* e *Whetham's* nel Mediterraneo. Corbett racconta l'episodio come se avesse avuto luogo un combattimento, ma le «Gazzette» consultate da Atkinson affermano chiaramente che la posizione era stata evacuata in precedenza dagli spagnoli. Lo conferma Gerba, secondo cui, dopo la resa di Messina (8 agosto) «gli Spagnuoli abbandonarono anche la Torre del Faro e quindi la rada del Paradiso, dopo di averne ritirato le artiglierie».

Corbett menziona anche uno sbarco nella baia di Mondello (vicino a Palermo) dove Byng avrebbe messo a terra alcuni soldati a prendere possesso di due torri e tre cascine per assicurare le comunicazioni con le truppe di Mercy. L'episodio deve essere avvenuto prima di quello ricordato da Gerba, per il quale all'alba del 25 aprile 1720 sei compagnie di granatieri austriaci, imbarcate nella baia di Mombello sulle scialuppe delle navi di Byng, sbarcarono a sud-est del Monte Pellegrino impadronendosi di una posizione spagnola che impediva le comunicazioni col mare. Atkinson ricorda una storia del reggimento *Royal Inniskilling* secondo cui i granatieri sarebbero sbarcati altre volte per proteggere gli ancoraggi della flotta, notando però che non è citata alcuna fonte a sostegno di tale affermazione. Dall'articolo di questo autore appare che gli sbarchi furono sempre di piccola entità con l'unico scopo di eliminare eventuali minacce per le navi all'ancora.

Questo permette di stabilire che le operazioni anfibie di portata più ampia furono sempre effettuate da truppe austriache. Per esempio quando Giardina scrive che nel luglio 1719 «temendo la flotta [di Byng] di avere l'esercito [di Mercy] assolutamente impedito il commercio de' viveri, fece in quei luoghi un disbarco di 3.000 uomini in circa, per aprirgli la comunicazione»[96] deve riferirsi allo sbarco di due battaglioni di *Ottokar Starhemberg* (796 uomini) giunti a Taormina il 4 luglio conducendo con loro da Milazzo anche 650 uomini rimasti indietro dei reggimenti venuti da Napoli e dalla Lombardia.

Le uniformi

Nel 1714 quando alla morte della regina Anna ascese al trono l'elettore di Hannover, che assunse il nome di Giorgio I, l'avvento di una nuova dinastia non apportò alcun cambiamento nelle uniformi, salvo l'adozione di alcuni distintivi particolari, quali il "cavallino bianco" della Bassa Sassonia, tipico degli Hannover. Il vestiario rimase quello portato al termine della guerra di successione spagnola, illustrato nelle numerose raffigurazioni delle truppe britanniche al comando del duca di Marlborough[97]. I reggimenti di guarnigione a Minorca nel 1718 che poi, imbarcati sulla flotta di Byng, combatterono a Capo Passero, portavano ancora le uniformi che avevano nella penisola iberica. Anche i reggimenti provenienti dall'Irlanda e salpati da Spithead il 12 giugno avevano vestiari di vecchio modello, mentre quelli reclutati per far fronte alla minaccia giacobita portavano

---

96   GAETANO GIARDINA, *Memorie storiche …*, cit., p. 219; *Campagne*, XVIII, p. 132.
97   CECIL C. P. LAWSON, *A History of the Uniforms of the British Army*, I, 3ª ed., London, Kaye & Ward, 1969 (1ª ed. 1940), pp. 74-82; W. Y. CARMAN, *British Military Uniforms from Contemporary Pictures*, London, Leonard Hill, 1957, pp. 56-58. Molte raffigurazioni di battaglie di Marlborough sono posteriori agli avvenimenti e mostrano soldati in uniformi di epoca successiva; immagini veramente contemporanee in MICHAEL BARTHORP, *Marlborough's Army, 1702-11* (Men-at-Arms Series 97), tavole di ANGUS MCBRIDE, London, Osprey, 1980.

uniformi di nuovo tipo, come confermano gli *Avvisi* di Vienna: «Londra 15 aprile. Il Rè [*sic*] hebbe hieri la curiosità di vedere li Vestiti nuovi, che si fanno quì per li 10 Reggimenti d'Infanteria; mostratosi frà altro à Sua Maestà il modello d'essi Vestiti, addosso ad un'Uffiziale, Sargente, Soldato, e Tamburrino [*sic*], e la M. S. ne parve molto contenta»[98].

L'abito dei reggimenti di fanteria era rosso mattone con mostre e fodera del colore distintivo del reggimento. La sua peculiarità era il colletto detto *roll-over* anch'esso del colore distintivo. Occorre notare che il rosso scarlatto, oggi considerato tipico delle uniformi britanniche, era allora portato solo dagli ufficiali: si dovette aspettare il 1873 affinché il suo uso fosse esteso alla truppa. Molta confusione deriva dal fatto che nella terminologia militare britannica il rosso mattone è designato *red* mentre il rosso scarlatto viene detto *scarlet*. Normalmente l'abito era portato aperto e abbottonato all'indietro dando l'impressione che avesse al petto dei risvolti del colore distintivo. La veste ed i calzoni erano di solito anch'essi di panno rosso mattone essendo ricavati dai vecchi abiti. La cravatta era di solito bianca. Completavano l'abbigliamento calze di lana pesante bianca, mentre in campagna si usavano ghette bianche o nere. I granatieri avevano un berrettone a mitria che recava sul davanti il distintivo del reggimento o lo stemma del colonnello e una frontiera rialzata variamente decorata con il monogramma reale GR (*Georgius Rex* e non *George Rex* come, sbagliando, scrivono molti autori), il cavallino bianco emblema della dinastia hannoveriana oppure una corona. Gli abiti dei granatieri erano quasi sempre arricchiti da una gallonatura alle bottoniere e ai paramani.

Come in quasi tutti gli eserciti del tempo la scelta del colore distintivo di un reggimento era lasciata al colonnello, salvo nel caso dei reggimenti "reali" che avevano mostre e fodere di colore blu. Non sempre le fonti britanniche concordano fra loro, anche perché spesso il tessuto nel colore delle mostre non era disponibile. Fu quanto avvenne in Spagna, ove i reggimenti britannici ivi stanziati ebbero quasi tutti abiti con moste gialle, come appare dai registri dell'ospedale Santa Pau di Barcellona in cui sono spesso annotati i colori degli abiti indossati dagli infermi che vi venivano ricoverati: si può quindi presumere che i reggimenti già di guarnigione a Minorca che combatterono a Capo Passero avessero mostre gialle, tranne *O'Hara's*, che essendo un reggimento "reale" portò sempre le mostre blu che ne attestavano la condizione privilegiata. I colori distintivi potevano essere quindi i seguenti[99]:

Reggimento		Mostre
Provenienti dall'Irlanda	*James Otway's*	arancione
	Cosby's (*Royal Irish*)	blu
	Bisset's	giallo
	Charles Otway's	arancione
Guarnigione di Minorca	*O'Hara's* (*Royal Fusiliers*)	blu
	Stanwix's	giallo (?)
	Whetham's (*Inniskilling*)	giallo (?)
	Sankey's	giallo (?)

98   *Avvisi*, 7 maggio 1718 (n. 74).
99   Bibl. Cat., Libros de entrada de soldados del Hospital de sta Creu de Barcelona; JOHN S. FARMER, *The Regimental Records of the British Army*, London, Grant Richards, 1901, pp. 91, 95, 101, 113, 131, 137, 147, 153.

FONTI E BIBLIOGRAFIA

Fonti d'archivio

Archivio di Stato di Milano (ASMi):
> Militare, Parte antica, nn. 109, 118, 168, 208.
> Registri delle Cancellerie dello Stato, XXXIV-7, XXXIV – 8, XXXIV-9, XXXIV-10, XXXVIII-3.
> XXXVIII – 6, XXXVIII-8, XXXVIII – 10.

Archivio di Stato di Napoli (ASNa):
> Carte Montemar, Fs. 82.
> *Excerpta*, Fs. 346.
> Giunta Arsenale, Fs. 83, 86, 87, 89, 92, 297, 300, 303.
> Sommaria Consulte, Fs. 97.
> Truppe Cesaree, Fs. 1.

Archivo Histórico Nacional, Madrid (AHN):
> Estado, libro 1002.

Biblioteca de Catalunya (Bibl. Cat.)
> Libros de entrada de soldados del Hospital de sta Creu de Barcelona.

Haus-, Hof- und Staatsarchiv, Wien (HHSA):
> Neapel Collectanea, Fz. 36.
> Lombardei Collectanea, Fz. 62B (Consiglio di Spagna e d'Italia).

Kriegsarchiv, Wien:
> Cahier Enveloppe B, Schema Nr. 16 1/3.

Manoscritti

Les Triomphes de Louis le Grand, 14ᵉ de son nom, Bibliothèque Nationale (Cabinet des Estampes), Parigi, mss. Id 41, Id 42, Id 43, Id 44.

Les Triomphes du roy Louis XV de son nom, Bibliothèque Nationale (Cabinet des Estampes), Parigi, ms. Id 47.

Ordini regi, Società Napoletana di Storia Patria, Ms XXVII-B-13 bis.

La Mina, Jaime Miguel de Guzmán Dávalos y Spínola marchese de, *Colección de cuadros y planos sobre la Guerra de Cerdeña y Sicilia*, Biblioteca Nacional. Madrid, mss. Mss/6408.

Real Reglamento de la Marina [26 ottobre 1715], Haus-, Hof- und Staatsarchiv, Wien.

Testi a stampa (si omette la citazione di molte storie reggimentali e dei testi citati solo nelle appendici)

Alatri, Paolo, *L'Europa dopo Luigi XIV (1715-1731)*, Palermo, Sellerio, 1986.

Allgemeine Deutsche Biographie, Leipzig, Dunker & Humblot, 1875-1912, voll. 66, edizione elettronica nel sito «Deutsche Biographie».

Alós y Rius, Antonio, *Carta, instrucciones y relación de servicios ...*, Palma, s.e., s.d.

Antonicelli, Aldo, *Oared Square Rigged Warships in the Eighteenth-century Mediterranean*, in *The Mariner's Mirror*, 103:2 (2017), pp. 205-206,

Antonielli, Livio, *I capitani delle guardie milanesi. Tra onore e illeciti guadagni nella Milano del Settecento*, in *Tra Lombardia e Ticino. Studi in memoria di Bruno Caizzi*, a cura di Raffaello Ceschi e Giovanni Vigo, Bellinzona, Edizioni Casagrande, 1995, pp. 89-108.

Arneth, Alfred von, *Prinz Eugen von Savoyen. Nach den handschriftlichen Quellen der kaiserlichen Archive*, Wien, Wilhelm Bramüller, 1864 (voll. 3).

Artlieb, Erich, *Die Versorgung der österreichischen Kavallerie mit blanken Waffen 1648 – 1848*, Universität Wien, Diplomarbeit, 2013.

Atkinson, Christopher Thomas, *British Regiments afloat. Cape Passaro and other Incidents*, in *Journal of the Society for Army Historical Research*, Vol. 23, No. 94 (Summer 1945), pp. 46-53.

Avvisi italiani, ordinarii e straordinarii, Vienna, anni 1715-1720.

Bascapè, Giacomo – Del Piazzo, Marcello, *Insegne e Simboli. Araldica pubblica e privata medievale e moderna*, Ristampa (Pubblicazioni degli Archivi di Stato – Sussidi 11), Roma, Ministero per i beni e le attività culturali – Ufficio centrale per i beni archivistici, 1999.

Bassett, Richard, *For God and Kaiser. The Imperial Austrian Army from 1619 to 1918*, Yale University Press, New Haven (CT) and London, 2015.

Belando, Nicolas de Jesus, *Historia civil de España. Sucesos de la guerra, y tratados de paz, desde el año de mil setecientos, hasta *el de mil setecientos y treinta y tres*, Madrid, Manuel Fernandez, 1740-1744, voll. 3.

BENEDIKT, Heinrich, *Das Königreich Neapel unter Kaiser Karl VI*, Wien – Leipzig, Manz Verlag, 1927.

BIANCHI, Paola, *Al servizio degli alemanni. Militari piemontesi nell'Impero e negli stati tedeschi fra Sei e Settecento*, in *Italiani al servizio straniero in età moderna*, a cura di Paola BIANCHI, DAVIDE MAFFI, ENRICO STUMPO, Milano, Franco Angeli, 2008, pp. 55-72.

BILZER, Franz F., *Die Schiffe und Fahrzeuge der k. (u.)k. Kriegsmarine*, 9. Fortsetzung, in *MARINE – Gestern, Heute*, 1987/3, pp. 106-107.

BLANDO, Antonino, *I porti del grano siciliano nel XVIII secolo*, in *MEFRIM* 120/2 – 2008, pp. 521-540.

BOERI, Giancarlo - MIRECKI QUINTERO, José Luis – PALAU, José, *The Spanish Armies in the War of the League of Augsburg (Nine Years War 1688-1697)*, illustrazioni di Robert Hall, The Pike and Shot Society, [Hertford (UK)], 2011.

BOERI, Giancarlo – PEIRCE, Guglielmo, *Reggimenti levati in Italia dalla Casa d'Asburgo nella guerra della successione spagnola (1700-1714)*, disegni di Roberto Vela, in *Armi Antiche. Bollettino dell'Accademia di San Marciano*, Torino 1985, pp 99-105.

BRAUDEL, Fernand, *La Méditerranée et le Monde méditerranéen à l'époque de Philippe II*, 5e ed., Paris, Librairie Armand Colin, 1982; trad. it. *Civiltà e imperi nel Mediterraneo nell'età di Filippo II*, 5a ed., Torino, Einaudi, 2002, voll. 2.

BROUCEK, Peter – HILLBRAND, Erich – VESELY, Fritz, *Prinz Eugen Feldzüge und Heerwesen*, Deuticke, Wien, 1986.

BULIFON, Antonio, *Giornale del viaggio in Italia dell'invittissimo e gloriosissimo Monarca Filippo V*, Niccolò Bulifoni, Napoli, 1703.

[CALLEJO Y ANGULO, Pedro de], *Description de l'isle de Sicile, et de ses cotes maritimes, avec les plans de toutes ses forteresses*, Jean van Ghelen, Vienne, 1719.

Campagne del Principe Eugenio di Savoia, v. Feldzüge des Prinzen Eugen von Savoyen.

CASTELLVÍ, Francisco de, *Narraciones históricas*, a cura di JOSÉ MARÍA ALSINA ROCA e JOSEPH M. MUNDET I GIFRE, Fundación Francisco Elías de Tejada, Madrid, 1997-2002, voll. 4.

CAU, Paolo, *La spedizione spagnola per la riconquista della Sardegna (1717)*, in *RiD – Rivista Italiana Difesa*, N° 10 Ottobre 2013, pp. 93-97.

CLOWES, William Laird, *The Royal Navy. A History from the Earliest Times to the Present*, London, Sampson Low, Marston and Company, 1897-1903, voll. 7.

COCKBURN, George, *A Voyage to Cadiz and Gibraltar up the Mediterranean up to Sicily and Malta in 1810 & 11*, T. Harding, London, 1815, voll. 2.

Continuatio Diarii von der unter Kommando deren Römisch-Kaiserlichen und Königlich-Katolischen Majestät Generalen der Reuterey Heern Grafen von Mercy in Königreich Sicilien stehenden Armee, Aus dem Kaiserl. Feld-Lager bei Francavilla, vom 13. bis 25. Juni 1719, s.n.t.

[CORBETT, Thomas], *An account of the expedition of the British Fleet to Sicily, in the years 1718, 1719, and 1720*, 3a ed. London, J. and R. Tonson, 1739.

[Cossu, Giuseppe], *Della città di Cagliari. Notizie compendiose sacre e profane*, Cagliari, nella Reale Stamperia, 1780.

CZEGKA, Eduard, *Uniformen der kaiserlichen Infanterie unter Prinz Eugen*, in Zeitschrift für Heereskunde, 1933, nn. 49, 50, 51 e 1936, n. 85.

Das jetztlebende vornehme Italien oder: politische, genealogische und historische Vorstellung
Zürich, Hans Ulrich, Däntzler, 1744.

Das Schnittmusterbuch von Salomon Erb. Livre des Chefs d'Oeuvre de la Maistrise des Tailleurs de Berne 1730, a cura di QUIRINUS REICHEN e KAREN CHRISTIE, Bern, Bernisches Historisches Museum, 2000.

DATTERO, Alessandra, *Il "governo militare" dello stato di Milano nel primo Settecento: saggio storico e inventario della serie Alte Feldakten del Kriegsarchiv di Vienna*, UNICOPLI, Milano, 2001.

DATTERO, Alessandra, *Soldati a Milano. Organizzazione militare e società lombarda nella prima dominazione austriaca*, Milano, Franco Angeli, 2014.

[DE COLPI, Benedetto], *Diario di tutto quello successe nell'ultima guerra di Sicilia fra le due Armate Alemana [sic] e Spagnola*. Colonia [ma Palermo], s.e., 1721.

Dizionario Biografico degli Italiani, Roma, Istituto della Enciclopedia Italiana, ed. elettronica, voll. 92.

DÖBERL, Mario. *La visita generale di Marcos Marañón y Lara nel Regno di Sardegna (1714/1715). Un breve periodo di riforme sotto il governo degli Asburgo Austriaci*, in Estudis, 2007, No. 33: pp. 225-253.

DOLLECZEK, Anton, *Geschichte der österreichischen Artillerie. Von den frühesten Zeiten bis zur Gegenwart*, Wien, Im Selbstverlage, 1887.

DOLLECZEK, Anton, *Monographie der k. u. k. österr.-ung. blanken und Handfeuer-Waffen*, Wien, Im Selbstverlage, 1896 (rist. Graz, Akademische Druck- u. Verlagsanstalt, 1970).

DONATH, RUDOLPH, *Die Kaiserliche und Königliche Österreichische Armeé 1618 – 1918*, Wien, in proprio, 1969-70; 2a ed., Simbach am Inn, in proprio 1979.

DONATI, Claudio, *L'organizzazione militare della monarchia austriaca nel secolo XVIII e i suoi rapporti con i territori e le popolazioni italiane. Prime ricerche*, in *Österreichisches Italien–Italienisches Österreich? Interkulturelle Gemeinsamkeiten und nationale Differenzen vom 18. Jahrundert bis zum Ende des Ersten Weltkrieges* (Zentral-Europa Studien 5), a cura di BRIGITTE MAZOHL-WALLNIG e MARCO MERIGGI, Wien, Verlag der Österreichischen Akademie der Wissenschaften, 1999, pp. 297-329.

DUFFY, Christopher, *The Army of Maria Theresia. The Armed Forces of Imperial Austria 1740-1780*, London, David & Charles, 1977.

DU RY DE CHAMPDORÉ, Samuel (attribuito a), *Slagorde van het keizerlijk leger in Sicilië*, ca. 1718-1719, RIJKSMUSEUM, Amsterdam, RP-T-00-3661D-22.

Einleitung für Darstellung der Feldzüge des Prinzen Eugen von Savoyen, Wien, C. Gerold's Sohn, 1876; trad. it. *Introduzione* (Campagne del Principe Eugenio di Savoia vol. I), Torino, Roux e Viarengo, 1899.

Exercitium des löblichen General Graf Wallischen Regiments zu Fuß, s.n.t. [1705].

Feldzüge des Prinzen Eugen von Savoyen, Bearbeitet von Abtheilung für Kriegsgeschichte des K. K. Kriegs-Archives, Wien, C. Gerold's Sohn, 1876-1892, voll, 21; trad. it. *Campagne del Principe Eugenio di Savoia*, Torino, Roux e Viarengo, 1899-1902, voll. 20 (v. anche *Einleitung*, GERBA, MATUSCHKA, WREDE).

FERRANTE, Carla, *Le origini delle compagnie barracellari e gli ordinamenti di polizia rurale nella Sardegna moderna*, **in** *La Carta de Logu d'Arborea nella storia del diritto medievale e moderno*, a cura di ITALO BIROCCHI e ANTONELLO MATTONE, Roma-Bari, Editori Laterza, 2004, pp. 300-346.

FERRANTE, Carla (a cura di), *Le istituzioni militari del Regnum Sardiniae nei secoli XVI-XVIII. Fonti e percorsi di ricerca nell'Archivio di Stato di Cagliari* (*Quaderni bolotanesi 33/2007*), Bolotana (NU), Edizioni Passato e Presente, 2007.

FORMICOLA, Antonio – ROMANO, Claudio, *Storia della Marina da Guerra dei Borbone di Napoli*, Primo volume, Roma, Ufficio Storico della Marina Militare, 2005, tomi 2.

GERBA, Raimund, *Die Kämpfe der Kaiserlichen in Sicilien und Corsica 1717-1720 und 1730-1732* (Feldzüge des Prinzen Eugen von Savoyen), Wien, C. Gerold's Sohn, 1891; trad. it. *Guerre in Sicilia e in Corsica negli anni 1717-1720 e 1730-1732* (Campagne del Principe Eugenio di Savoia vol. XVIII), Torino, Roux e Viarengo, 1901.

GIARDINA, Gaetano, *Memorie storiche del Regno di Sicilia dall'anno 1718 al 1720*, (*Diari della città di Palermo dal secolo XVI al XIX*, a cura di GIOACCHINO DI MARZO, vol. XI), Palermo, Luigi Pedone Lauriel, 1873.

GOGG, Karl, *Österreichs Kriegsmarine 1440-1448*, Salzburg, Verlag des Bergland Buch, 1992.

HALL, Robert – BOERI, Giancarlo, *Uniforms and Flags of the Imperial Austrian Army (1683-1720)*, Copyright © Robert Hall and Giancarlo Boeri, 2008.

HANLON, Gregory, *The twilight of a military tradition. Italian aristocrats and European conflicts, 1560-1800*, London, University College London Press, 1998.

HAUSSMAN, Friedrich, *Die Feldzeichen der Truppen Maria Theresias*, in *Maria Theresia. Beiträge zur Geschichte der Heerwesen iher Zeit* (Schriften des Heeresgeschichtlichen Museums in Wien 3), Graz-Wien-Köln, Hermann Böhlaus Nachf., 1967, pp. 129-174.

HERNÀNDEZ, F. Xavier – RIART, Francesc, *Els Exèrcits de Catalunya (1713-1714)*, Barcelona, Rafael Dalmau, 2007.

HOCHEDLINGER Michael, *Austria's Wars of Emergence 1683-1797*, London, Pearson Education Ltd., 2003.

ILARI, Virgilio - BOERI, Giancarlo - PAOLETTI, Ciro - *Tra i Borboni e gli Asburgo. Le armate terrestri e navali italiane nelle guerre del primo Settecento (1701-1732)*, Ancona, Nuove Ricerche, 1996.

KAINDL, Franz, *Fahnen und Standarten aus der Zeit des Prinz Eugen*, in "Die Neue Mölkerbastei", Gesellschaft der Freunde und Sammler Kulturhistorischer Figuren, Wien, 1987.

Kaiserliche Ordonnanz und Portionen Buch, Landshuett, Andreas Michel, 1713.

KANNIK, Preben, *Alverdens Uniformer i Farver*, København, Politikens Forlag, 1967; trad. it. *Uniformi di tutto il mondo*, Torino, S.A.I.E., 1969 e Verona, Arnoldo Mondadori Editore, 1971.

KARGER, Johann, *Die Entwicklung der Adjustierung, Rüstung und Bewaffnung der österreichisch-ungarischen Armee 1700-1809*, Wien, 1903; rist. Buchholz, LTR-Verlag, 1998.

KHEVENHÜLLER, Ludwig Andreas von, *Observations-Puncten ...*, Cronstadt [Braşov]-Wien, Sehlerschen Buch-Druckerey - Michael Heltzdörffer-Johann Krauß, 1729-1734, voll. 2.

KNÖTEL, Herbert, *Das Kaiserliche Dragoner-Regiment Bayreuth um 1715*, in *Zeitschrift für Heereskunde*, 1936, n. 85.

KNÖTEL, Richard, *Große Uniformenkunde*, Rathenow, Verlag Babenzien, 1890-1914 (18 parti di tavole con testo di accompagnamento).

KNÖTEL, Richard, *Handbuch der Uniformkunde"*, Leipzig, J. J. Weber, 1896; rist. (con aggiunte di Herbert KNÖTEL e Herbert SIEG), Stuttgart, Kosmos Verlag, 1937; trad. ingl. (rist. 1937): Uniforms of the World, London-Melbourne, Arms and Armour Press, 1980.

KOSTKA, Johann, *Observationes zu dem Articuls-Brief Leopoldi I.*, Wien, Andreas Heninger, 1724.

LA LUMIA, Isidoro, *La Sicilia sotto Vittorio Amedeo II di Savoia*, 2ª ed., Livorno, Francesco Vigo, 1877.

León Sanz, Virginia, *De rey de España a emperador de Austria: el archiduque Carlos y los austracistas españoles* in *Felipe V y su tiempo. Congreso internacional*, a cura di Eliseo Serrano Martín, Sección cuarta Guerra y Paz – Ponencias, Zaragoza, Institución «Fernando el Católico», 2004, pp. 747-774.

León Sanz, Virginia, *Los españoles austracistas exiliados y las medidas de Carlos VI (1713-1725)*, in *Revista de História Moderna. Anales de la Universidad de Alicante*, 10 (1991), pp. 162-176.

[Ligne, Charles Joseph principe de], *Vie du Prince Eugène de Savoie écrite par lui-même, et publié pour la première fois en 1809*, 3ᵉ ed., Paris, Michaud Frères, 1810, p. 176.

Livi, Giovanni, *Il viaggio della regina Elisabetta Cristina di Brunswick da Vienna a Barcellona (1708)*, in *Annuario dell'Archivio di Stato di Milano, 2014*, Milano, Scalpendi Editore, 2014, pp. 71-92.

Lo Faso di Serradifalco, Alberico, *I Piemontesi in Sicilia. L'assedio di Messina (luglio-settembre 1718)*, in *Studi Piemontesi*, vol. XXXII, fasc. 2 (dicembre 2003), pp. 473-497.

Lo Faso di Serradifalco, Alberico, *Scorci di guerra in Sicilia – Luglio 1718–maggio 1720*, in *Archivio Storico Siciliano*, Ser. 4, vol. 30 (2004), pp. 151-179,

Lo Faso di Serradifalco, Alberico, *Sicilia 1718 dai documenti dell'Archivio di stato di Torino*, Palermo, Associazione "Mediterranea", s.d.

Lynn, John A., *Giant of the Grand Siecle. The French Army, 1610-1715*, Cambridge (UK), Cambridge University Press, 1997.

Mafrici, Mirella, *Il Mezzogiorno d'Italia e il mare: problemi difensivi nel Settecento*, in *Mediterraneo in armi (secc. XV-XVIII)*, a cura di Rosella Cancila, Tomo II, Palermo, Associazione "Mediterranea", 2007. pp. 637-663.

Martini, Raffaele, *La Sicilia sotto gli austriaci (1719-1734)*, Palermo, Alberto Eber, 1907.

Matuschka, Ludwig, *Der Türken-Krieg 1716-18* (Feldzüge des Prinzen Eugen von Savoyen), Wien, C. Gerold's Sohn, 1891; trad. it. *Guerra contro i Turchi 1716-1718* (Campagne del Principe Eugenio di Savoia voll. XVI-XVII), Torino, Roux e Viarengo, 1900, voll. 2.

Mell, Alfred, *Die Fahnen des österreichischen Soldaten im Wandel der Zeiten*, Wien, Bergland Verlag, 1962.

Mell, Alfred, *Fahnen aus der Zeit des Prinzen Eugen von Savoyen*. in *Zeitschrift für Heereskunde*, 1932, n. 43.

Mell, Alfred, *Weitere Quellen zur Geschichte des Feldzeichens der Kaiserlichen Armee*, in "*Zeitschrift für Heereskunde*, 1934, n. 61.

Mercure Historique et Politique, voll. LVIII-LXIX, La Haye, Frères van Dole, 1715-1720.

Metzger, Heinrich, *Fahnen-Historik der k. und k. österr.-ungar. Infanterie der letzten 300 Jahre*, Neustadt, Verlag Anton Zolf, 1898.

Meynert, Hermann, *Geschichte der k. k. österreischen Armee*, Wien, C. Gerold & Sohn, 1852-1854 (voll. 4).

Militello, Paolo, *La Sicilia nella cartografia a stampa della prima metà del Settecento*, in *Agorà*, n. 23-24/2005, pp. 16-21.

Mora Casado, Carlos, *Las milicias en el Mediterráneo occidental. Valencia y Cerdeña en la época de los Austrias*, Tesi dottorale, Università degli Studi di Cagliari, a. a. 2014-2015.

Mugnai, Bruno – Cristini, Luca S., *L'esercito imperiale al tempo del principe Eugenio di Savoia 1690-1720*, Bergamo, Soldiershop Publishing, 2011, voll. 5.

Müller, Franz, *Die kaiserl. königl. österreichische Armee seit Errichtung der stehenden Kriegsheere bis auf die neuste Zeit*, Prag, Gottlieb Haase Söhne, 1845, voll. 2.

Muscolino, Francesco, *Taormina, 1713-1720: la «Relazione istorica» di Vincenzo Cartella e altre testimonianze inedite*, Palermo, Edizione elettronica a cura della redazione di *Mediterranea. Ricerche storiche*, 2009.

Nasalli Rocca, Emilio, *I Farnese*, Milano, Dall'Oglio, 1969.

Nemetz, Walter, *Der Übertritt spanischer Truppen ins Heer Karl VI* (1947) tesi non pubblicata conservata nella biblioteca del *Kriegsarchiv* di Vienna.

Nemetz, Walter, *Die Zeitstil in die Tracht des Fussvolks unter Prinz Eugen*, in *Mölkerbastei*, 1979 (ristampa di un articolo del 1951).

Neue Deutsche Biographie, Berlin, Dunker & Humblot, 1953-2016, voll. 26, edizione elettronica nel sito «Deutsche Biographie».

Nuevo reglamento assi por el rango de generales como de regimientos, artilleria y officios, Barcelona, Rafael Figueró, 1707.

Nuova collezione delle Prammatiche del Regno di Napoli, tomo XIII, Napoli, Stamperia Simoniana, 1805.

Oesterreicher Erbfolge-Krieg 1740-1748, Wien, L. W. Seidler & Sohn, 1896-1914, voll. 9.

Österreichischen Staatsarchiv, *300 Jahre Karl VI. 1711–1740. Spuren der Herrschaft des „letzten" Habsburgers*, Wien, Österreichischen Staatsarchivs, 2011.

Pagano, Emanuele, *"Questa turba infame a comun danno unita". Delinquenti, marginali, magistrati nel Mantovano asburgico (1750-1800)*, Milano, FrancoAngeli, 2014.

Paoletti, Ciro - Pentimalli, Nicola, *Il Principe Eugenio di Savoia*, Roma, Stato Maggiore dell'Esercito – Ufficio Storico, 2001.

Papotti, Francesco Ignazio, *Annali o Memorie storiche della Mirandola*, (*Memorie storiche della città e dell'antico ducato della*

Mirandola, voll. III-IV), Mirandola (MO), Tipografia di Gaetano Cigarelli, 1876-1877, voll. 2.

PEDRETTI, Sara, *Ai confini occidentali dello Stato di Milano: l'impiego delle milizie rurali nelle guerre del Seicento*, in *Alle frontiere della Lombardia. Politica, guerra e religione nell'età moderna*, a cura di CLAUDIO DONATI, Milano, FrancoAngeli, 2006.

PFISTER, Albert, *Denkwürdigkeiten aus der württembergischen Kriegsgeschichte des 18. und 19. Jahrhundert*, Stuttgart, Carl Grüninger, 1881.

PUJOL AGUADO, José Antonio, *España en Cerdeña (1717-1720)*, in *Studia Histórica. Historia Moderna*, vol. XIII (1995), pp. 191-214.

RADICS, Peter Paul von, *Die Heidelberger Parade 1745. Nach einem gleichzeitigen Bilde geschildert*, in *Wiener Salon-Album 1873*, [Wien], L. Sommer & Comp., pp. 46-62.

REGAL, Maximilian Ludwig von, *Reglement Uber ein Kayserliches Regiment zu Fuß*, Nürnberg, Johann Georg Lochner, 1728 (2ª ed.1734).

REICHEN, Quirinus e CHRISTIE, Karen, *Das Schnittmusterbuch von Salomon Erb. Livre des Chefs d'Oeuvre de la Maitrise des Tailleurs de Berne 1730*, Bern, Bernisches Historisches Museum, 2000.

Reiter, Husaren und Grenadiere. Die Uniformen der Kaiserliche Armee um Rhein 1734, Zeichnungen des PHILIPP FRANZ FREIHERR VON GUDENUS, Bearbeitung und Texte von HANS BLECKWENN, Dortmund, Harenberg, 1979.

RIART, Francesc - HERNÀNDEZ, F. Xavier, *Soldats, Guerrers i Combatents delos Paisos Catalans*, Barcelona, Rafael Dalmau, 2014.

RIDELLA, Renato Gianni, *La collezione di modelli e dipinti di artiglierie nel Museo di Palazzo Poggi a Bologna*, in *La Scienza delle Armi. Luigi Ferdinando Marsili 1670-1730*, a cura del Museo di Palazzo Poggi, Bologna, Edizioni Pendragon, 2012, pp. 143-153.

RUWET, Joseph, *Soldats des régimets nationaux au XVIIIème siècle. Notes et documents*, Bruxelles, Palais des Académies, 1962.

SAGVARI GYORGY - SOMOGY GYOZO, *Das Buch der Husaren*, Budapest, Magyar Konyvklub, 1999.

SAN FELIPE, Marqués de (Vicente Bacallar y Sanna), *Comentarios de la guerra de España, e historia de su rey Phelipe V. El animoso, desde el principio de su reinado, hasta la Paz General del año de 1725.*, Genova, Matheo Garvizza, 1725, voll. 2 (rist. Madrid, Ediciones Atlas, 1957).

SCHMIDT-BRENTANO, Antonio, *Kaiserliche und k.k. Generale (1618-1815)*, @ Österreichisches Staatsarchiv/A. Schmidt-Brentano 2006: http://oesta.gv.at/DocView.axd?CobId=18890.

SCHREIBER, Georg, *Des Kaisers Reiterei. Österreichische Kavallerie in vier Jahrhunderten*, Wien, Kremayr & Scherlau, 1967.

SCHWELGERD, Carl A., *Österreichs Helden und Heerführer von Maximilian I auf die neunste Zeit*, Grimma, Verlags-Comptoir, 1853, voll. 4.

SCORDO, Angelo, *Bandiere del Regno del sud*, in *Atti della Società Italiana di Studi Araldici*, 29° Convivio, Torino, 15 ottobre 2011, Torino, Società Italiana di Studi Araldici, 2012, pp. 53-77.

[SECKENDORFF, Theresius von], *Versuch eines Lebensbeschreibung des Feldmarschalls Grafen von Seckendorff*, s.l., s.e., 1792-1794, voll. 4.

SIRAGO, Maria, *La ricostruzione della flotta napoletana e il suo apporto nella difesa dei mari nel Viceregno Austriaco (1707-1734)*, in *Archivio Storico per le Province Napoletane*, CXXXIV (2016), pp. 71-98.

SORANDO MUZÁS, Luis, *Banderas, estandartes y trofeos del Museo del Ejército. 1700-1843. Catalogo razonado*, Madrid, Ministerio de Defensa. Secretaria General Tècnica, 2001.

SORANDO MUZÁS, Luis, *Trofeos austriacos y sardos obtenidos por los ejércitos de los reyes hispanos Felipe V y Fernando VI (1717-1759)*, in *Emblemata*, 14 (2008), pp. 127-150.

SORANDO MUZÁS, Luis, *El ejército español del Archiduque Carlos (1704-1715) y sus banderas*, in *Revista de Historia Militar*, Año LVIII (2014), Núm. Extraordínario Guerra de Sucesión española, pp. 193-211.

Stadt Wien Staats- und Stands Calender auf das Jahr MDCXXIII, Wien, Reich- und Hof-Buch-Druckerey, s.d.

STAMFORD, Carl von, *Das Regiment Prinz Maximilian von Hessen-Cassel im Kriege des Kaisers gegen die Turken 1717-1718 und im Kriege der Quadrupelallianz auf Sicilien 1718-1720*, Cassel, Gustav Klaunig, 1880.

STELLARDI, Vittorio Emanuele, *Il regno di Vittorio Amedeo II di Savoia nell'isola di Sicilia dall'anno MDCCXIII al MDCCXIX*, Torino: eredi Botta, 1862, voll. 3.

TESSIN, Georg, *Die Regimenter der europäischen Staaten in* Ancien Régime *des XVI. bis XVIII. Jahrhunderts*, Osnabrück, Biblio Verlag, 1986-1995, voll. 3.

TEUBER, Oskar, *Die österreichische Armee von 1700 bis 1867*, disegni di RUDOLPH VON OTTENFELD, Wien, Barte und Czeiger, 1895, voll. 2; rist. Graz, Akademische Druck- u. Verlagsanstalt, 1971, voll. 2.

TEUBER-WECKERSDORF, Wilhem (Willy), *Die Kaiserliche Artillerie*, in *Mölkerbastei*, 2-3/83.

TEUBER-WECKERSDORF, Wilhem (Willy), *Die Reiterei des Kaiserl. Heeres zur Zeit des Prinz Eugen*, in *Mölkerbastei*, 11/81 (diviso in due parti).

TROYLI, Placido, *Istoria generale del reame di Napoli*, tomo IV, parte III, Napoli, s.e., 1751.

VOLTA, Leopoldo Camillo, *Compendio della Storia di Mantova dalla sua fondazione sino ai nostri tempi*, V, Mantova, Francesco

Agazzi, 1807-1838, voll. 5.

WEBER, Ottocar, *Der Quadrupel-Allianz vom Jahre 1718. Ein Beitrag zur Geschichte der Diplomatie im achzehnten Jahrhundert*, Wien, F. Tempsky, 1887.

WREDE, Alphons von, *Geschichte der K. und K. Wehrmacht*, Wien, L. W. Seidel & Sohn, Wien 1898-1903, voll. 6.

WREDE, Alphons von, *Geschichte der K. und K. Wehrmacht*, VI. Band (Allerhöchste Oberbefehl. Garden), «Militaria Austriaca» Nr. 6 (Wien, 1988).

WREDE, Alphons von, *Orts-, Namen- und Sach-Register*, (Feldzüge des Prinzen Eugen von Savoyen. Register-Band), Wien, C. Gerold's Sohn, 1892.

WURZBACH, Constant von, *Biographisches Lexikon des Kaiserthums Österreich*, Wien, kaiserlich-königlichen Hof- und Staatsdruckerei, 1856-1891, voll. 60.

Siti Internet sulla guerra del 1717-1720

«L'Assedio di Milazzo del 1718/19», blog pubblicato da Massimo TRICAMO (Società Milazzese di Storia Patria), https://assediodimilazzo.blogspot.it.

Altri siti Internet

«BANDIERE passato e presente», di Roberto Breschi, http://digilander.libero.it/breschirob/

«11 Setembre 1714», http://www.11setembre1714.org

«Deutsche Biographie», https://www.deutsche-biographie.de.

«HistoriaRegni», http://www.historiaregni.it.

«Wikipedia» (Le voci di questo sito, assolutamente anonime e modificabili da chiunque, spesso non sono affidabili).

Addenda *alla bibliografia del volume II* (L'Esercito spagnolo)

Felipe V contra Europa, Desperta Ferro Historia Moderna, N.º 39 (abril-mayo 2019).

MANFRÈ, Valeria, *Spain's Military Campaigns in Sardinia and Sicily (1717–1720) According to Jaime Miguel de Guzmán-Dávalos, Marquis of la Mina*, in Imago Mundi, 71:1 (2019), pp. 65-80.

MARTÍ FRAGA, Eduard, *Cataluña y la movilización de recursos militares para la expedición a Sicilia, 1718*, in Quadernos de Historia Moderna, nº 44.1 (2019), pp. 129-158.

SALLÉS VILASECA, Núria, *Giulio Alberoni y la dirección de la política exterior española después de los tratados de Utrecht (1715-1719)*, Tesi doctoral, Barcelona, Universitat Pompeu Fabra, 2016.

STORR, Christopher, *The Spanish Resurgence, 1713-1748*, New Haven (CT), Yale University Press, 2018.

Traduction de la Lettre Que Mr. le Marquis de Lede écrivit du Camp de Francavilla à Mr. le Comte de Montemar à Palerme, le 20 de Juin 1719, s.n.t.

NOTE ALLE TAVOLE

TOMO 1

Tav. 1) Assalto di fanteria austriaca a fortificazione spagnola.
Storming of a Spanish position by Austrian Infantry.

Tav. 2) Granatiere e ufficiale del reggimento Baden-Durlach.
Grenadier and Officer of the Infantry Regiment Baden-Durlach.

Tav. 3) Tamburo del reggimento dragoni Hamilton (Dragoni dello Stato di Milano), soldato della Cavalleria di Sardegna (Reggimento Carreras) e ufficiale dei dragoni Hamilton.
Drummer and Officer of the Dragoon Regiment Hamilton, Trooper of the Cavalry of the Kingdom of Sardinia (Spanish Regiment Carreras).

Tav. 4) Timballiere del reggimento corazzieri Hannover.
Kettle-Drummer of the Cuirassier Regiment Hannover.

Tav. 5) Ufficiale reggimento Wetzel, granatiere reggimento Toldo.
Officer of the Infantry Regiment Wetzel; Grenadier of the Regiment Toldo.

Tav. 6) Dragone, tamburo e ufficiale del reggimento dragoni Roma (napoletano).
Dragoon, Drummer and Officer of the Neapolitan Dragoon Regiment Roma.

Tav. 7) Moschettiere e tamburo del reggimento fanteria Brown.
Musketier and Drummer, Infantry Regiment Brown.

Tav. 8) Tamburo del reggimento dragoni Tige (ricostruzione).
Drummer of the Dragoon Regiment Tige (recostruction).

Tav. 9) Reggimento di aiduchi (fanteria ungherese) Giulay (da Teuber-Ottenfeld).
Heyduck Regiment Giulay (Hungarian Infantry) (from Teuber-Ottenfeld).

Tav. 10) Portastendardo dei corazzieri Lobkowitz.
Il disegno del gallone al bordo di gualdrappa e coprifonde è quello mostrato nella raccolta di Gudenus del 1734, usato anche in Sicilia poiché il colonnello era sempre lo stesso. Ai lati della gualdrappa e sulle fonde compariva lo stemma del principe Lobkowitz.
Standard-bearer of the Cuirassier Regiment Lobkowitz.
The lace at the saddle-cloth and pistol-holsters is reproduced from the Gudenus' series depicting the same regiment (with the same colonel) in 1734. Saddle-cloth and pistol-holsters are trimmed with the Prince Lobkowitz's coat-of-arms.

Tav. 11) Reggimento di fanteria Lucini (Stato di Milano): moschettiere, ufficiale e tamburo.
Infantry Regiment of Lucini (Duchy of Milan): Private, Officer and Drummer.

Tav. 12) Corazziere reggimento Eck (poi Locatelli) in esercitazione.
Cuirassier of the Regiment Eck (later Locatelli) during an exercise.

Tav. 13) Dragone del reggimento Hamilton (milanese) e Generale.
Dragoon of the Regiment Hamilton (Milanese) and General Officer.

Tav. 14) Cannoniere e ufficiale di artiglieria.
Gunner and Artillery Officer

Tav. 15) Corazziere regg.to Visconti, ufficiale regg.to Zum Jungen, alfiere regg.to Alt-Wallis.
Cuirassier Regiment Visconti; Officer Infantry Regiment Zum Jungen; Standard-bearer Infantry Regiment Alt-Wallis

Tav. 16) Ussaro del regg.to Ebergeny e moschettiere del regg.to fanteria Hessen-Kassel.
Hussar, Regiment Ebergeny and Musketier, Infantry Regiment Hessen-Kassel.

Tav. 17) Reggimento napoletano Marulli: ufficiale, moschettiere e tamburo.
Neapolitan Infantry Regiment Marulli: Musketier, Officer and Drummer.

Tav. 18) Granatiere del reggimento dragoni Anspach.
Horse Grenadier of the Dragoon Regiment Anspach.

Tav. 19) Ufficiale del reggimento ussari Esterházy.
Hussar Regiment Esterhazy, Officer.

Tav. 20) Sergente dei moschettieri del reggimento O'Dwyer e *Zimmermann* del reggimento Königsegg.
Sergeant Musketier, Infantry Regiment O'Dwyer and Pioneer, Infantry Regiment Königsegg.

Tav. 21) Trombettiere del reggimento corazzieri Visconti.
Trumpeter, Cuirassier Regiment Visconti.

Tav. 22) Alabardieri Alemanni dei Vicerè di Napoli.
German Helbardiers of the Viceroy of Naples.

TOMO 2

Tav. 23) Ufficiale superiore e moschettiere reggimento Alt-Wallis.
Field Officer and Musketier, Infantry Regiment Alt-Wallis.

Tav. 24) Reggimento di fanteria Barbon (Stato di Milano).
Infantry Regiment Barbon (Duchy of Milan).

Tav. 25) Moschettiere regg.to Carl Lothringen e granatiere regg.to Guido Starhemberg,
Musketier, Infantry Regiment Carl Lohringen and Grenadier, Infanty Regiment Guido Starhemberg.

Tav. 26) Ufficiale e cannoniere, Reggimento dell'Artiglieria di Napoli.
Officer and Gunner, Artillery Regiment of the Kingdom of Naples.

Tav. 27) Ussari al bivacco (da una stampa dell'epoca).
Bivouac of Hussars (from a contemporary print).

Tav. 28) Reggimento di fanteria spagnola Ahumada.
Spanish Infantry Regiment Ahumada.

Tav. 29) Reggimento di fanteria spagnola Alcaudete.
Spanish Infantry Regiment Alcaudete.

Tav. 30) Moschettieri reggimenti Traun e Nesselrode (poi Seckendorf).
Musketeers, Infantry Regiments Traun and Nesselrode (later Seckendorf).

Tav. 31) Reggimento di Guardie a cavallo dello Stato di Milano (Somaglia).
Horse Guards Regiment of Milan (Somaglia).

Tav. 32) Reggimento della Marina di Napoli.
Marine Regiment of the Kingdom of Naples.

Tav. 33) Fanteria britannica imbarcata.
British infantry aboard Admiral Byng's Fleet.

Tav. 34) Moschettieri dei reggimenti Löffelholz e Ottokar Starhemberg.
Musketeers of the Infantry Regiments Löffelholz and Ottokar Starhemberg;

Tav. 35) Dragoni Galbes e Corazze Cordova (Da Knötel).
Dragoon Regiment Galbes and Cuirassier Regiment Cordova (from Knötel).

TAVOLE DELLE BANDIERE

Tavole a cura di Robert Hall (tratte dal libro di Robert Hall e Gian Carlo Boeri *Uniforms and Flags of the Imperial Austrian Army 1683-1720* The Pike and Shot Society 2009).
<u>Nota</u>. Le bandiere sono state riprodotte da originali o da documenti dell'epoca (1690-1713) in cui sono state disegnate. Nelle tavole sono indicate le bandiere dei reggimenti presenti in Sicilia i cui colonnelli non erano cambiati, potendosi quindi presumere che esse fossero uguali a quelle usate nel periodo 1717-1720, con la sola sostituzione del monogramma imperiale (*C.VI* invece di *L.I*).

Imperial Army Flags by Robert Hall (taken from Uniforms and Flags of the Imperial Austrian Army 1683-1720 *by Robert Hall and GianCarlo Boeri The Pike and Shot Society 2009).*
<u>Note</u>. *The flags have been reproduced from originals or from contemporary (1690-1713) documents. In the plates there have been indicated the flags for the regiments that took part in the campaign in Sicily, the colonels of which did not change, so it can be presumed that they where similar with those carried in 1717-1720, only replacing the emperor's cipher (C.VI instead of L.I).*

Tav. 36) Bandiere di fanteria: Alt-Starhemberg (bandiera ordinaria e *Leibfahne*) (in Sicilia reggimento Guido Starhemberg). C. A. von Württemberg (bandiera ordinaria e *Leibfahne*) (reggimento che non combatté in Sicilia). Bayreuth (bandiere ordinarie). Königsegg (bandiere ordinarie). Baden-Durlach (bandiere ordinarie).
Infantry colours: Alt-Starhemberg (company and colonel's colours) (in Sicily named Guido Starhemberg). C. A. von Württemberg (company and colonel's colours) (this regiment did not fight in Sicily). Bayreuth (company colours). Königsegg (company colour). Baden-Durlach (company colour).

Tav. 37) Bandiere di fanteria. Alt-Wallis (bandiera ordinaria e *Leibfahne*). Carl Lothringen (bandiera ordinaria e *Leibfahne*). Browne (*Leibfahne* e bandiera ordinaria).

Infantry colours. Alt-Wallis (company and colonel's colours). Carl Lothringen (company and colonel's colours). Browne (colonel's and company colours). Königsegg (company colour). Baden-Durlach (company colour).

Tav. 38 Stendardi e bandiere. Corazzieri Visconti (stendardo ordinario). Corazzieri Hannover (stendardo ordinario). Ussari Esterházy (banderuola da tromba da un originale in Burg Forchtenstein). Ussari Ebergényi (guidone ordinario). Aiduchi Giulai (bandiera ordinaria e *Leibfahne*).

Standards and colours: Cuirassier Regiment Visconti (company standard). Cuirassier Regiment Hannover (company standard). Hussar Regiment Esterházy (trumpet banner from an original in Burg Forchtenstein). Hussar Regiment Ebergényi (company colour). Heyduck Regiment Giulay (company and colonel's colours).

▲ *Una rara raffigurazione dell'imperatore Carlo VI nella tenuta effettivamente portata in campo dai generali* (Collezione privata).

www.ingramcontent.com/pod-product-compliance
Lightning Source LLC
Chambersburg PA
CBHW041147120626
46547CB00020B/3148